森の日ぐらし

谷口純子

生長の家

はじめに

新型《しんがた》コロナウイルスがこの世界《せかい》に出現《しゅつげん》し、私《わたし》たちの平穏《へいおん》な日常《にちじょう》を脅《おびや》かし、命《いのち》の危険《きけん》さえ感《かん》じる日々《ひび》が一年《ねん》以上《いじょう》も続《つづ》いています。当初《とうしょ》は、この状態《じょうたい》も数《すう》カ月《げつ》で終息《しゅうそく》し、すぐ元《もと》の生活《せいかつ》に戻《もど》るだろうと簡単《かんたん》に考《かんが》えていましたが、実際《じっさい》にはなかなか手強《てごわ》い相手《あいて》です。

人間《にんげん》は元来《がんらい》、お互《たが》いに触《ふ》れ合《あ》い、言葉《ことば》を交《か》わし、心《こころ》を通《かよ》わせながら、喜《よろこ》びや悲《かな》しみ、共感《きょうかん》、心《こころ》の安定《あんてい》などを経験《けいけん》する中《なか》で生《い》きる意味《いみ》を見出《みいだ》し、成長《せいちょう》していきます。このような人間《にんげん》としての基《き》本的《ほんてき》な生《い》き方《かた》が、今《いま》は困難《こんなん》な状況《じょうきょう》にあります。

ですがその一方《いっぽう》で、インターネットなどの情報《じょうほう》システムの発達《はったつ》により、コロナの蔓延《まんえん》以前《いぜん》には、遠《とお》く離《はな》れていたために実際《じっさい》に会《あ》うことができなかった人《ひと》たちの間《あいだ》にも交流《こうりゅう》が生《う》まれ、お互《たが》いに顔《かお》を見《み》ながら言葉《ことば》を交《か》わすことができるようになっています。これには、大《おお》いに助《たす》けられました。困難《こんなん》のゆえに、そんな良《よ》い面《めん》も生《う》まれているのです。

私《わたし》は東京《とうきょう》・原宿《はらじゅく》からここ八ヶ岳《やつがたけ》南麓《なんろく》の北杜市《ほくとし》大泉町《おおいずみちょう》に越《こ》して、今年《ことし》で早《は》や八年目《ねんめ》になります。

この地《ち》での生活《せいかつ》は、東京《とうきょう》に比《くら》べると交通《こうつう》の便《べん》が悪《わる》く、必要《ひつよう》な物資《ぶっし》がすぐには手《て》に届《とど》かないこともあります。けれどもその一方《いっぽう》で、毎日《まいにち》姿《すがた》を変《か》える雄大《ゆうだい》な山々《やまやま》や変化《へんか》に富《と》んだ空《そら》を見《み》ることができます。それらは、私《わたし》たちの外側《そとがわ》にある単《たん》なる〝風景《ふうけい》〟ではなく、全身《ぜんしん》から心《こころ》に染《し》み込《こ》んで、私《わたし》たちに生《い》きる希望《きぼう》や勇気《ゆうき》を与《あた》えてくれるものだと分《わ》かりました。身近《みぢか》にいる鳥《とり》や動物《どうぶつ》、花《はな》や木々《きぎ》も共《とも》に生《い》きる仲間《なかま》で、「ここで鳴《な》いています」「花《はな》を咲《さ》かせました」「新芽《しんめ》を出《だ》しました」と、無言《むごん》ながら雄弁《ゆうべん》に存在《そんざい》を示《しめ》してくれます。

都会《とかい》でも、これと似《に》たことは起《お》こるかもしれません。けれども圧倒的《あっとうてき》な量《りょう》、おびただしい数《かず》の人工物《じんこうぶつ》に溢《あふ》れている都会《とかい》では、自然《しぜん》の存在《そんざい》は質量《しつりょう》ともに矮小化《わいしょうか》されて、自然《しぜん》は〝好《この》ましい〟と思《おも》われながらも、それほどまでに〝価値《かち》が高《たか》い〟とは感《かん》じられません。人工物《じんこうぶつ》がほとんどない自然《しぜん》の中《なか》では、人間《にんげん》は自然《しぜん》と直接的《ちょくせつてき》に触《ふ》れ合《あ》うほかはないのです。

この本《ほん》の題《だい》を「森《もり》の日《ひ》ぐらし」としたのは、自然《しぜん》との触《ふ》れ合《あ》いの中《なか》で、その日《ひ》その日《ひ》を自然《しぜん》と折《お》り合《あ》いをつけながら、時《とき》に譲《ゆず》り、時《とき》に多《おお》くの恵《めぐ》みを得《え》、決《けっ》して単調《たんちょう》ではない日々《ひび》を、終日《しゅうじつ》楽《たの》しんで生《い》きようという思《おも》いからです。

そんな日常《にちじょう》の中《なか》で、私《わたし》は何《なに》を経験《けいけん》していたか——その一部《いちぶ》をまとめたものが、この本《ほん》です。時々《ときどき》に感《かん》じたことを綴《つづ》ったエッセイ、地産地消《ちさんちしょう》、旬産旬消《しゅんさんしゅんしょう》で無農薬《むのうやく》、無化学肥料《むかがくひりょう》の野菜《やさい》を使《つか》った肉《にく》なし料理《りょうり》、日々《ひび》の生活《せいかつ》の工夫《くふう》などが収録《しゅうろく》されています。便利《べんり》さやスピードを目的《もくてき》としない私《わたし》のこんな生活《せいかつ》の根本《こんぽん》には、「自然《しぜん》と人間《にんげん》は本来一体《ほんらいいったい》」という生長《せいちょう》の家《いえ》の信仰《しんこう》があります。新《しん》型《がた》コロナウイルスによる感染症《かんせんしょう》の拡大《かくだい》は、今《いま》や喫緊《きっきん》の課題《かだい》となった気候変動《きこうへんどう》と同《おな》じように、自然《しぜん》と人間《にんげん》の深《ふか》い関係《かんけい》を無視《むし》した結果《けっか》と思《おも》います。

私《わたし》たちには、未来《みらい》を生《い》きる人《ひと》たちに、住《す》みよい地球《ちきゅう》を残《のこ》す責任《せきにん》があります。そのための工夫《くふう》だけでなく、自然《しぜん》を愛《あい》することで自分《じぶん》も喜《よろこ》ぶための生活実践《せいかつじっせん》が書《か》かれていますが、一《ひと》つでも二《ふた》つでもご参考《さんこう》にしていただければ幸《さいわ》いです。

この本《ほん》の出版《しゅっぱん》に当《あ》たって、生長《せいちょう》の家国際本部《いえこくさいほんぶ》の広報《こうほう》・クロスメディア部《ぶ》の渡邉重孝《わたなべしげたか》さん、谷口《たにぐち》暁子《あきこ》さんには企画《きかく》の段階《だんかい》から大変《たいへん》お世話《せわ》になりました。心《こころ》から感謝《かんしゃ》いたします。

この本《ほん》の推薦文《すいせんぶん》を夫《おっと》が書《か》いてくれました。大胆《だいたん》かつ慎重《しんちょう》に新《あら》たな試《こころ》みに挑戦《ちょうせん》し、私《わたし》を驚《おどろ》かせる夫《おっと》ですが、それに私的目的《してきもくてき》を感《かん》じることはありません。ワクワク人生《じんせい》をこれからも共《とも》に歩《あゆ》んでいきたいと願《ねが》います。

二〇二一年新春《ねんしんしゅん》　コロナの終息《しゅうそく》を祈《いの》りつつ

谷口《たにぐち》　純子《じゅんこ》

森の日ぐらし　目次

はじめに……3

春、雪解けの喜び

シロップを作る……14
何をまくか？……19
キャベツの青虫……25
男子と厨房……30
【春のレシピ】
大豆バーグ……37　つくしの佃煮風……38　きなこクッキー……39
コラム　暮らしの工夫。「○○だけ」……40

夏に見つめるいのちの輝き

良心を引き出す……44
明るい心のもとは……50
お盆の風習……55
永遠の価値……60
【夏のレシピ】
ベジ麻婆茄子丼……67　ハナビラタケのスープ……68　夏野菜のケークサレ……69
コラム　家庭菜園のすすめ……70

秋の彩り、豊かな時間

楽しいことをしよう……74
タルトタタンを当てよう……80
心ときめくもの……85
与える生活……91

【秋のレシピ】
きのこの炊き込みご飯……98
ベジミートソース……99
タルトタタン……100
コラム　手作りの楽しみ……102

冬だけの幸い

鬼グルミ……106
豊かさとは?……111
雪のある暮らし……116
明るく軽やかに……122
【冬のレシピ】
豆乳味噌ラーメン……129
キムチ……130
くるみクッキー……131
コラム　冬の季節仕事……132

つながる世界

心の声……136
コラム　「長坂子ども食堂」……142

たとえ世界が混乱しても

コロナが教えること……146
見方を変える……151
コラム　自粛期間の過ごし方……156

本書を推薦します（谷口雅宣）……158

食材索引……162
初出一覧……165
参考文献……166

扉、コラム、本文写真……著者、編集部
ブックデザイン……木村奈緒子（ＰＯＲＴ）
写真……堀隆弘（一三五頁、一四二頁、一四三頁）
写真レタッチ……植村忠透

春、雪解けの喜び

すき起こす前の畑一面に咲くオオイヌノフグリ

シロップを作《つく》る

「そんなに簡単《かんたん》にできないんじゃない？」

私《わたし》は最初《さいしょ》、懐疑的《かいぎてき》だった。夫《おっと》＊が白樺《しらかば》の樹液《じゅえき》からシロップを作《つく》るというのだ。

山梨県北杜市《やまなしけんほくとし》の八ヶ岳南麓《やつがたけなんろく》にある、生長《せいちょう》の家国際本部《いえこくさいほんぶ》〝森《もり》の中《なか》のオフィス〟では、月《つき》に一度《いちど》、職員《しょくいん》が何組《なんくみ》かのグループに分《わ》かれて、「自然《しぜん》を伸《の》ばす活動《かつどう》」なるものをする。森《もり》の整備《せいび》をしたり、畑《はたけ》で野菜《やさい》の植《う》え付《つ》けや収穫《しゅうかく》、キノコ採《と》りや植物《しょくぶつ》について学《まな》んだりするのだ。オフィスの移転後《いてんご》、四年《ねん》が過《す》ぎた二〇一七年《ねん》の三月《がつ》には、敷地内《しきちない》に沢山《たくさん》ある白樺《しらかば》の樹液《じゅえき》を採取《さいしゅ》して味《あじ》わった。

夫《おっと》はその時《とき》、来年《らいねん》は家《いえ》でも採《と》ってシロップを作《つく》ってみようと思《おも》ったらしい。ところが、三月《がつ》は色々行事《いろいろぎょうじ》があり、今年《ことし》は雪《ゆき》が何度《なんど》も降《ふ》ったので、まだ早《はや》いだろうと待《ま》っているうちに、急《きゅう》に春《はる》が訪《おとず》れた。四月初《がつはじ》め、やや遅《おそ》い感《かん》はあったが、夫《おっと》は樹液《じゅえき》の採《と》り方《かた》について詳《くわ》しい人《ひと》に教《おし》えてもらい始《はじ》めたのである。

＊谷口雅宣・生長の家総裁

私《わたし》の否定的《ひていてき》な気持《きもち》には理由《りゆう》があった。子育《こそだ》てに忙《いそが》しかった頃《ころ》、『大草原《だいそうげん》の小《ちい》さな家《いえ》』(ローラ・インガルス・ワイルダー作《さく》)シリーズの本《ほん》を愛読《あいどく》していた。福音館書店発行《ふくいんかんしょてんはっこう》の箱《はこ》に入《はい》ったハードカバーの本《ほん》を揃《そろ》えて、家事《かじ》の合間《あいま》に少《すこ》しずつ読《よ》んだ。その後《ご》、文庫本《ぶんこぼん》も多数出版《たすうしゅっぱん》されていることを知《し》り、バッグに入《い》れて持《も》ち歩《ある》いた。一冊目《いっさつめ》は『大《おお》きな森《もり》の小《ちい》さな家《いえ》』という題《だい》で、主人公《しゅじんこう》ローラ一家《いっか》の森《もり》の中《なか》での生活《せいかつ》が細《こま》かく描写《びょうしゃ》されている。その中《なか》にメープルシロップ作《づく》りがある。

アメリカのウィスコンシン州《しゅう》の森《もり》の中《なか》で生活《せいかつ》していたローラ一家《いっか》は、少《すこ》し離《はな》れた祖父《そふ》の家《いえ》でメープルシロップ作《づく》りをする。祖父《そふ》は木《き》のバケツを作《つく》り、楓《かえで》の木《き》の根元《ねもと》に置《お》き、木《き》にドリルで小《ちい》さな穴《あな》をあけ、同《おな》じく木《き》で作《つく》ったトイを差《さ》し込《こ》み、樹液《じゅえき》がバケツに流《なが》れ込《こ》むようにするのだ。毎《まい》日雪《にちゆき》の楓《かえで》の林《はやし》に入《はい》り、大《おお》きなたるに樹液《じゅえき》を集《あつ》める。集《あつ》まった樹液《じゅえき》は鉄《てつ》の大鍋《おおなべ》で、ぐつぐつ煮《に》て、メープルシロップや楓糖《かえでとう》が作《つく》られる。そんな工程《こうてい》を知《し》っていたから、簡単《かんたん》にはできないだろうと思《おも》ったのだ。

ローラが生《い》きた時代《じだい》から、百五十年《ねん》以上《いじょう》たった今《いま》では、便利《べんり》なものがあった。木《き》にドリルで小《ちい》さな穴《あな》をあけるのは同《おな》じだが、バケツはペットボトルで代用《だいよう》する。ビニール製《せい》のチューブを穴《あな》に差《さ》し込《こ》み、ペットボトルのキャップにチューブが入《はい》る大《おお》きさの穴《あな》をあけて入《い》れ、ペットボトルを木《き》に括《くく》り付《つ》ければいいのだ。気抜《きぬ》けするほど簡単《かんたん》に白樺《しらかば》の樹液《じゅえき》をとる装置《そうち》はできた。

果《は》たして樹液《じゅえき》は採《と》れるだろうかと、半信半疑《はんしんはんぎ》だったが、朝《あさ》から夕方《ゆうがた》までの半日《はんにち》で、二リットル入《い》りのペットボトルに半分《はんぶん》くらいの樹液《じゅえき》がたまり驚《おどろ》いた。三本《ぼん》の木《き》にペットボトルを括《くく》り付《つ》けたので、最初《さいしょ》の日《ひ》は三リットルくらいの樹液《じゅえき》が採取《さいしゅ》できた。それを大《おお》きなお鍋《なべ》に入《い》れて、ひたすら煮《に》るのだ。一時間半《じかんはん》くらいでほとんど煮詰《につ》まり、薄《うす》い茶色《ちゃいろ》のシロップが十cc位《くらい》できた。

最初《さいしょ》疑《うたが》っていた私《わたし》であったが、まず驚《おどろ》いたのは、白樺《しらかば》の樹液《じゅえき》が簡単《かんたん》に採《と》れたことだ。なぜ春《はる》先《さき》、木《き》の内部《ないぶ》に大量《たいりょう》の水《みず》があるのか、理由《りゆう》はいまだに解明《かいめい》されていないそうだ。寒《さむ》い冬《ふゆ》の間《あいだ》、木《き》は活動《かつどう》を停止《ていし》している。寒《さむ》い地方《ちほう》で雪《ゆき》が解《と》け始《はじ》めると、木《き》は新緑《しんりょく》の葉《は》っぱを出《だ》すために、地面《じめん》から沢山《たくさん》の水《みず》を吸《す》い上《あ》げるのではないかといわれている。楓《かえで》や白樺《しらかば》の樹液《じゅえき》は甘《あま》いので、昔《むかし》から人々《ひとびと》は甘味料《かんみりょう》として利用《りよう》してきた。木《き》に穴《あな》をあけ、チューブを差《さ》し込《こ》めば、自分《じぶん》の家《いえ》に生《は》えている白《しら》樺《かば》からメープルシロップのようなものができるのだ。無理《むり》だと思《おも》っていたから、なおさらうれしく楽《たの》しい体験《たいけん》だった。

塩野米松《しおのよねまつ》さんの小説《しょうせつ》、『ふたつの川《かわ》』（無明舎出版刊《むみょうしゃしゅっぱんかん》）に、イタヤカエデで作《つく》った砂糖《さとう》の話《はなし》が出《で》てくる。昭和初期《しょうわしょき》の時代設定《じだいせってい》であるが、秋田《あきた》が舞台《ぶたい》で、炭焼《すみや》きの主人公《しゅじんこう》が知《し》り合《あ》いの医師《いし》の家《いえ》で生《う》まれて初《はじ》めて角砂糖《かくざとう》を出《だ》される。珍《めずら》しいものなので、孫《まご》に土産《みやげ》としてもらうのだが、孫《まご》は四《し》角《かく》い砂糖《さとう》をとても喜《よろこ》ぶ。それならばと、イタヤカエデの樹液《じゅえき》を煮詰《につ》め、固《かた》めて二センチ四方《しほう》の薄《うす》い板《いた》にする。次《つぎ》に医師《いし》に会《あ》った時《とき》、主人公《しゅじんこう》はその砂糖《さとう》を差《さ》し出《だ》す。

「……上品《じょうひん》な味《あじ》だ。はてな？　何《なん》だべ。思《おも》い当《あ》たるものがあるども、それはシロップだからな」

「先生《せんせい》、それも元《もと》は汁《しる》だ」

「メープルシロップか？」

「そんたむずかしい名前《なまえ》ではねえ。イタヤの樹液《じゅえき》を煮詰《につ》めて固《かた》めた物《もの》だ。角砂糖《かくざとう》をまねして孫《まご》さつくってやったんだ」（中略《ちゅうりゃく》）

「山《やま》の人《ひと》は何《なん》でも作《つく》れたんだな。角砂糖《かくざとう》なんかよりずっとうめえ」

（『ふたつの川《かわ》』一三二ページ）

日本《にっぽん》でも寒《さむ》い地方《ちほう》では昔《むかし》から樹液《じゅえき》で砂糖《さとう》を作《つく》っていたのを、私《わたし》はこの小説《しょうせつ》から知《し》った。『大草原《だいそうげん》の小《ちい》さな家《いえ》』シリーズの本《ほん》は、アメリカの開拓者《かいたくしゃ》の姿《すがた》が描《えが》かれている。森《もり》を切《き》り開《ひら》き、家《いえ》を建《た》て、猟《りょう》をし作物《さくもつ》を作《つく》る自給自足《じきゅうじそく》の生活《せいかつ》である。実際《じっさい》にその生活《せいかつ》は厳《きび》しいもので、油断《ゆだん》して蓄《たくわ》えがなくなったり、気象条件《きしょうじょうけん》が悪《わる》ければ、飢《う》えと隣合《となりあ》わせである。けれどもこの小説《しょうせつ》の中《なか》では、家族《かぞく》が心《こころ》を一《ひと》つにして協力《きょうりょく》し、質素《しっそ》な生活《せいかつ》の中《なか》で喜《よろこ》びを見出《みいだ》し、将来《しょうらい》に希望《きぼう》を持《も》って生《い》きるのである。

翻《ひるがえ》って自分《じぶん》の生活《せいかつ》を思《おも》うと、欲《ほ》しいものは何《なん》でも気軽《きがる》に手《て》に入《はい》り、とても便利《べんり》である。けれども、ローラの一家《いっか》のようにささやかなことに喜《よろこ》びを見出《みいだ》しているだろうかと、自分自身《じぶんじしん》を顧《かえり》み、謙虚《けんきょ》な気持《きもち》になるのだった。

子供《こども》が家《いえ》にいた頃《ころ》我《わ》が家《や》では、毎週《まいしゅう》一回《いっかい》朝食《ちょうしょく》に、ワッフルかパンケーキを焼《や》いていた。そのためメープルシロップはいつもあった。今《いま》は夫婦二人《ふうふふたり》なので、月《つき》に一回《いっかい》くらいしか作《つく》らないが、メープルシロップの瓶《びん》は今《いま》もある。楓《かえで》ではないが、同《おな》じようなシロップが自分《じぶん》で手作《てづく》りできるというのだから、急《きゅう》に豊《ゆた》かになった気分《きぶん》だ。自分《じぶん》の身近《みぢか》にそんなものが隠《かく》されていたというのは、まさに宝探《たからさが》しのようで、ワクワクする。

春《はる》になり、蕗《ふき》の薹《とう》から始《はじ》まってタケノコやタラの芽《め》、ワラビなどの山菜《さんさい》が次々《つぎつぎ》に出《で》てくる。冬《ふゆ》は寒《さむ》く雪《ゆき》もあり、厳《きび》しかったが、花《はな》が次々《つぎつぎ》に咲《さ》き出《だ》し辺《あた》りを華《はな》やかに彩《いろど》り、木々《きぎ》の芽吹《めぶ》きと共《とも》に緑《みどり》の柔《やわ》らかな景色《けしき》に変化《へんか》していく。この自然《しぜん》の営《いとな》みを思《おも》うとき、与《あた》えられ、生《い》かされている安心《あんしん》感《かん》が、心《こころ》の中《なか》に満《み》ちてくる。

私《わたし》たちの人生《じんせい》は、自分《じぶん》の心《こころ》の展開《てんかい》であるが、永《なが》く強《つよ》く思《おも》っていたことが思《おも》いがけない形《かたち》で実現《じつげん》するものだということを、私《わたし》は白樺《しらかば》の樹液《じゅえき》からシロップを作《つく》るという体験《たいけん》を通《とお》して実感《じっかん》した。夢《ゆめ》が叶《かな》うとは、色々《いろいろ》な意味《いみ》でそういうことなのだろう。

何《なに》をまくか？

春《はる》の庭《にわ》に色《いろ》とりどりのチューリップが咲《さ》きだすと心《こころ》が弾《はず》む。特《とく》に冬《ふゆ》が厳《きび》しく寒《さむ》い八ヶ岳南麓《やつがたけなんろく》に移《うつ》り住《す》んでからは、その思《おも》いは一入《ひとしお》である。

チューリップやスイセンなど春《はる》に咲《さ》く花《はな》の球根《きゅうこん》は、前《まえ》の年《とし》の秋《あき》に植《う》えなくてはならない。東京《とうきょう》などは十月《がつ》が球根《きゅうこん》を植《う》えるのにいい時期《じき》だ。十一月初旬《がつしょじゅん》でもまだ間《ま》に合《あ》うが、寒冷地《かんれいち》の我《わ》が家《や》では九月末《がつまつ》までには植《う》える必要《ひつよう》がある。時期《じき》が遅《おく》れると、霜《しも》が降《お》りた地面《じめん》の土《つち》が硬《かた》くなり、球根《きゅうこん》が深《ふか》く植《う》えられないので、春《はる》の開花《かいか》に影響《えいきょう》するのだ。

九月《がつ》といえば、まだ夏《なつ》の名残《なごり》で、朝夕《あさゆう》は急《きゅう》に寒《さむ》く感《かん》じることもあるが、昼間《ひるま》は夏《なつ》のように暑《あつ》い日《ひ》もある。だから私《わたし》は、引《ひ》っ越《こ》しをしてきてから、球根《きゅうこん》を植《う》える時期《じき》をつい忘《わす》れ、慌《あわ》てるのだ。春《はる》の庭《にわ》に次々《つぎつぎ》と花《はな》が咲《さ》くのは、大《おお》きな喜《よろこ》びであるから、逃《のが》してはいけないのである。

花《はな》などはこのように、植《う》えた年《とし》か翌年《よくねん》には咲《さ》いて、結果《けっか》がすぐ確認《かくにん》できるが、木《き》はそういうわけにはいかない。五十年《ねん》、百年《ねん》先《さき》を考《かんが》えて植《う》える必要《ひつよう》がある。木《き》は自分《じぶん》のためだけではなく、未《み》来《らい》を生《い》きる人《ひと》のことを考《かんが》えて植《う》えるようにとはよくいわれることだ。新《あら》たに土地《とち》を求《もと》め家《いえ》を建《た》てた場合《ばあい》など、周《まわ》りに木《き》がほとんどない所《ところ》が多《おお》いので、いきおい木《き》を沢山《たくさん》植《う》えたくなる。ところが四年《ねん》、五年《ねん》と年月《としつき》を重《かさ》ねていくと、木《き》は知《し》らぬ間《ま》に大《おお》きくなっていく。成長《せいちょう》した時《とき》のことをあまり考《かんが》えずに植《う》えると、木同士《きどうし》がぶつかり合《あ》って、枝葉《えだは》が伸《の》ばしにくい状態《じょうたい》になることもある。目《め》先《さき》のことではなく、木《き》が成長《せいちょう》した姿《すがた》を考《かんが》えて植《う》えるというのが、植樹《しょくじゅ》の正《ただ》しいやり方《かた》だ。

この原則《げんそく》はあるが、やはり人《ひと》は今《いま》の楽《たの》しみを求《もと》める。私《わたし》なども、八ヶ岳《やつがたけ》に引《ひ》っ越《こ》しをした時《とき》、自分《じぶん》の好《す》きな樹種《じゅしゅ》を植《う》えてもらった。寒冷地《かんれいち》でも咲《さ》く桜《さくら》、ナナカマド、ヤマボウシ、カツラ、モミジ、ブルーベリー、ドウダンツツジ、アジサイなどである。他《ほか》に自分《じぶん》で買《か》って植《う》えたリンゴ、梅《うめ》、プルーン、アケビなどの果樹《かじゅ》は小《ちい》さな苗木《なえぎ》だったので鹿《しか》に食《た》べられて、上手《うま》く育《そだ》っていない。

今《いま》は四年《ねん》目《め》に入《はい》っているが、桜《さくら》は翌年《よくねん》から咲《さ》き、木々《きぎ》の紅葉《こうよう》は色《いろ》や時期《じき》が微妙《びみょう》に違《ちが》い、豪華《ごうか》な秋《あき》を楽《たの》しませてくれた。果実《かじつ》では、ブルーベリーが少《すこ》し収穫《しゅうかく》でき、以前《いぜん》からあったレッドカラントは鈴《すず》なりに実《み》をつけ、ジャムが沢山《たくさん》できた。けれども、他《ほか》の果実《かじつ》は難《むずか》しそうである。

植物《しょくぶつ》や野菜《やさい》の種《たね》、木《き》を植《う》えると、それらは多《おお》くのものを私《わたし》たちに与《あた》えてくれる。ただ植《う》えるという行為《こうい》だけなのに、そこから得《え》られるものの多《おお》さに、驚《おどろ》かされるのだ。

私《わたし》たちの日常《にちじょう》の行《おこな》いや言葉《ことば》も、同《おな》じように人生《じんせい》に大《おお》きな実《みの》りをもたらす。それは自分《じぶん》の生活《せいかつ》だけでなく、周《まわ》りの人《ひと》や物《もの》にも深《ふか》くかかわってくる。人《ひと》のためになる行動《こうどう》は自分《じぶん》の人生《じんせい》に良《よ》い種《たね》をまくことになる。良《よ》いコトバも同《おな》じことだ。その反対《はんたい》の、人《ひと》に対《たい》して迷惑《めいわく》な行《おこな》いや裏切《うらぎ》り行為《こうい》、不平《ふへい》や不満《ふまん》、人《ひと》の悪口《わるぐち》などは、悪《わる》い種《たね》をまいたことになる。良《よ》い種《たね》をまけば、良《よ》き結果《けっか》が収穫《しゅうかく》でき、悪《わる》い種《たね》をまけば、悪《わる》いものを収穫《しゅうかく》することになる。この世界《せかい》は、単純《たんじゅん》で分《わ》かりやすいといえば分《わ》かりやすいのである。けれども一方《いっぽう》で、一年草《いちねんそう》のようにすべてすぐに花《はな》が咲《さ》くというわけではない。良《よ》い種《たね》をまいた結果《けっか》がすぐに出《で》てこないことも多《おお》いので、「自分《じぶん》の行《おこな》いは無駄《むだ》だったのか」「徒労《とろう》ではないのか」という疑《うたが》いの心《こころ》が出《で》てくることもある。けれども信《しん》じた道《みち》、自分《じぶん》の理想《りそう》を持《も》ち続《つづ》け、良《よ》い種《たね》をまき続《つづ》ければやがては必《かなら》ず美《うつく》しい花《はな》が咲《さ》き、良《よ》い実《み》を結《むす》ぶ。

この事《こと》で思《おも》い出《だ》すのは二〇一七年《ねん》の二月《がつ》、九十三歳《さい》で亡《な》くなった画家《がか》の遊馬正《あそまただし》さんのことだ。遊馬《あそま》さんは生長《せいちょう》の家《いえ》の信徒《しんと》で、講師《こうし》でもあった。若《わか》い頃《ころ》は中学校《ちゅうがっこう》の美術教師《びじゅつきょうし》をしていたが、どうしても画家《がか》になりたくて、家族《かぞく》を残《のこ》してパリとニューヨークに留学《りゅうがく》した。苦学生《くがくせい》としてレストランの皿洗《さらあら》いなども経験《けいけん》しながら、絵《え》の勉強《べんきょう》を続《つづ》けた。やがてある程度自立《ていどじりつ》できるようになり、ニューヨークに妻子《さいし》を呼《よ》び寄《よ》せた。念願《ねんがん》の家族一緒《かぞくいっしょ》の生活《せいかつ》が実現《じつげん》したが、長《なが》い間別《あいだわか》れて暮《く》らしていた家族《かぞく》の心《こころ》はバラバラで、中々上手《なかなかうま》くいかなかった。特《とく》に思春期《ししゅんき》を迎《むか》えていた三人《にん》の子供《こども》たちとの関係《かんけい》がすれ違《ちが》い、家庭《かてい》の雰囲気《ふんいき》は沈《しず》みがちだった。そんな時《とき》、ニューヨークの日系新聞《にっけいしんぶん》で生《せい》長《ちょう》の家講演会《いえこうえんかい》の記事《きじ》を見《み》て、参加《さんか》したのである。

生長《せいちょう》の家《いえ》のことは、留学前《りゅうがくまえ》に師事《しじ》していた絵《え》の先生《せんせい》から勧《すす》められて知《し》ってはいたが、詳《くわ》しく勉《べん》強《きょう》する機会《きかい》はそれまでなかった。講演会《こうえんかい》の話《はなし》に感銘《かんめい》を受《う》けた遊馬《あそま》さんは、早速家族全員《さっそくかぞくぜんいん》で会員《かいいん》となり、生長《せいちょう》の家《いえ》の勉強《べんきょう》を始《はじ》めた。

生長《せいちょう》の家《いえ》の考《かんが》え方《かた》が生活《せいかつ》に生《い》かされるようになってから、画風《がふう》が変《か》わり明《あか》るい雰囲気《ふんいき》の絵《え》になった。絵《え》もよく売《う》れるようになり、七十三歳《さい》の時《とき》、故郷《こきょう》の日本《にっぽん》に帰《かえ》ってこられた。長男《ちょうなん》として家《いえ》を継《つ》ぐ必要《ひつよう》があったからとお聞《き》きした。八十歳《さい》を超《こ》えてさらに評判《ひょうばん》が上《あ》がり、個展《こてん》ラッシュといってもいいほどの注文《ちゅうもん》があり、精力的《せいりょくてき》に画業《がぎょう》に取《と》り組《く》まれていた。その頃私《ころわたし》は夫《おっと》と共《とも》に、遊馬《あそま》さんの個展《こてん》を訪《おとず》れた。そこでこんな趣旨《しゅし》の話《はなし》をされた。

「この歳《とし》になって、絵《え》が高《たか》く評価《ひょうか》されこんなに注目《ちゅうもく》され、売《う》れるとは想像《そうぞう》できませんでした。これが若《わか》い時《とき》だったらと思《おも》うこともありますが、もし若《わか》い頃《ころ》だったら、お金《かね》を無駄《むだ》に使《つか》って、遊《あそ》んでしまったかもしれません。今《いま》でよかったんですね」

若《わか》い頃《ころ》の遊馬《あそま》さんの絵《え》は暗《くら》かった。暗《くら》くては人《ひと》に感動《かんどう》を伝《つた》えることが難《むずか》しい。絵《え》を描《か》くことに迷《まよ》いがあり、何《なに》を描《か》けばよいのか、どんなものを描《か》けばよいのかと試行錯誤《しこうさくご》を繰《く》り返《かえ》した。流行《りゅうこう》はどうか、こういう絵《え》は人気《にんき》があるかなどを考《かんが》えた。やがて、絵《え》は人《ひと》に喜《よろこ》びを与《あた》えるため、人《ひと》を幸《しあわ》せにするために描《か》くものだとの境地《きょうち》を見出《みいだ》す。人間知恵《にんげんちえ》で色々考《いろいろかんが》えて描《か》くものではなく、絵《え》にする対象《たいしょう》の生命《せいめい》と自分《じぶん》の生命《せいめい》との触《ふ》れ合《あ》いの感動《かんどう》が絵《え》に現《あらわ》れるものだとの思《おも》いで描《か》き続《つづ》けた時《とき》、人《ひと》に感動《かんどう》を与《あた》え、大《おお》きな支持《しじ》を得《え》られるようになったのである。

迷《まよ》いながら悩《なや》みながらも真実《しんじつ》を求《もと》め、種《たね》をまき続《つづ》ける、描《か》き続《つづ》けることの大《おお》いなる意味《いみ》を教《おし》えてくれた生涯《しょうがい》だったと、私《わたし》は今《いま》、振《ふ》り返《かえ》るのである。

自宅の庭に咲くヤマザクラとチューリップ

キャベツの青虫《あおむし》

二〇一五年《ねん》六月半《がつなか》ばのこと、八ヶ岳南麓《やつがたけなんろく》の生長《せいちょう》の家国際本部《いえこくさいほんぶ》〝森《もり》の中《なか》のオフィス〟近《ちか》くにあるキープ協会《きょうかい》で、本部職員《ほんぶしょくいん》が環境教育《かんきょうきょういく》プログラムを受《う》けた。これは、レンジャーといわれる森《もり》の案内人《あんないにん》に付《つ》いて、森《もり》を散策《さんさく》しながら、木《き》の名前《なまえ》、特徴《とくちょう》、鳥《とり》の鳴《な》き声《ごえ》、動物《どうぶつ》の行動《こうどう》などを教《おし》えてもらうものだ。

東京《とうきょう》・原宿《はらじゅく》から、生長《せいちょう》の家本部《いえほんぶ》が八ヶ岳《やつがたけ》に移転《いてん》して約《やく》二年《ねん》になっていた。森《もり》での生活《せいかつ》に少《すこ》しずつ慣《な》れてはきているものの、長年都会《ながねんとかい》で暮《く》らしていた職員《しょくいん》は、特《とく》に関心《かんしん》の強《つよ》い人《ひと》を除《のぞ》いては、自然《しぜん》との付《つ》き合《あ》い方《かた》などには素人《しろうと》である。職員教育《しょくいんきょういく》の一環《いっかん》として行《おこな》われた行事《ぎょうじ》に、私《わたし》も参加《さんか》させてもらった。

森《もり》の中《なか》を歩《ある》いていると、様々《さまざま》な鳥《とり》の鳴《な》き声《ごえ》が聞《き》こえてくる。聞《き》いたことはあるが、ほとんどが何《なん》の鳥《とり》の声《こえ》か聞《き》き分《わ》けられない。また動物《どうぶつ》の足跡《あしあと》や糞《ふん》を見《み》ても、正体《しょうたい》が分《わ》からず、また目《め》に入《はい》っても気《き》が付《つ》かないことも多《おお》い。森《もり》には沢山《たくさん》の木《き》や草《くさ》が生《は》えているが、若芽《わかめ》を枕元《まくらもと》に置《お》いておくと、安眠効果《あんみんこうか》のあるものや、お茶《ちゃ》にして飲《の》めるもの、食用《しょくよう》になるもの、花《はな》の蜜《みつ》が甘《あま》いものなど、それぞれに特徴《とくちょう》を持《も》っている。ただの森《もり》と漠然《ばくぜん》と思《おも》っていた中《なか》に、それぞれが豊《ゆた》かで個性的《こせいてき》な営《いとな》みを持《も》つものだということを、ほんの少《すこ》しではあるが学《まな》ぶことができた。

森《もり》の中《なか》は、ただ歩《ある》くだけでも気持《きもち》のいいものだが、草木《くさき》、鳥《とり》、虫《むし》、動物《どうぶつ》などの特徴《とくちょう》、人間《にんげん》の暮《く》らしとの関《かか》わりを教《おし》えてもらうと、物言《ものい》わぬ自然《しぜん》が沢山《たくさん》の面白《おもしろ》い物語《ものがたり》が書《か》き込《こ》まれた書物《しょもつ》のように思《おも》え、興味《きょうみ》は尽《つ》きないのだった。

世界人口《せかいじんこう》の半分《はんぶん》以上《いじょう》が都会《とかい》暮《ぐ》らしをしている現在《げんざい》、ほとんどの人《ひと》は自然《しぜん》と人間《にんげん》の関係《かんけい》を考《かんが》え、知《し》る機会《きかい》がなく、自然《しぜん》がなくても人間《にんげん》は技術《ぎじゅつ》や物質的《ぶっしつてき》な豊《ゆた》かさがあれば、幸《しあわ》せに暮《く》らしていけると思《おも》っているだろう。私自身《わたしじしん》幼《おさな》い頃《ころ》、自然《しぜん》を身近《みぢか》にして成長《せいちょう》したが、それと同時《どうじ》に高度経済成長《こうどけいざいせいちょう》の只中《ただなか》にあったから、自然《しぜん》と人間《にんげん》の関係《かんけい》を、特《とく》に意識《いしき》して考《かんが》えることがなかった。

東京《とうきょう》・原宿《はらじゅく》に暮《く》らしていた時《とき》、狭《せま》い路地《ろじ》に建《た》ち並《なら》ぶ家々《いえいえ》のほとんどが、ほんの小《ちい》さな空間《くうかん》に様々《さまざま》な花《はな》を植《う》え、中《なか》には玄関先《げんかんさき》に瓶《かめ》を置《お》き、金魚《きんぎょ》やメダカを飼《か》っている家《いえ》もあった。大《おお》きな通《とお》りには街路樹《がいろじゅ》が植《う》えられ、公園《こうえん》は季節《きせつ》の花《はな》で美《うつく》しく彩《いろど》られていた。ガーデニングがブームで、家庭《かてい》菜園《さいえん》やベランダ園芸《えんげい》、ベランダ菜園《さいえん》も根強《ねづよ》い人気《にんき》である。都会《とかい》のマンションの一室《いっしつ》で、鉢植《はちう》えの花《はな》を育《そだ》てることを楽《たの》しんでいる人《ひと》も多《おお》い。これらは山《やま》や森《もり》の自然《しぜん》とは違《ちが》い、多分《たぶん》に人工的《じんこうてき》である。それでも植物《しょくぶつ》によって人間《にんげん》は慰《なぐさ》められ、癒《いや》され、勇気《ゆうき》づけられている。人間《にんげん》が世界《せかい》の主人公《しゅじんこう》で、他《ほか》のものは特《とく》になくても、私《わたし》たちの生存《せいぞん》には関係《かんけい》ないと表面的《ひょうめんてき》に思《おも》っているかもしれないが、奥《おく》底《そこ》の心《こころ》では、人間《にんげん》は自然《しぜん》がなくては生《い》きていけないことを知《し》っているのだ。

けれども多《おお》くの現代人《げんだいじん》の自然《しぜん》との付《つ》き合《あ》い方《かた》は、人間《にんげん》に都合《つごう》の良《よ》いものだけを受《う》け入《い》れるものだ。そこでは、虫《むし》がついていてはいけないし、病気《びょうき》になってもいけない。不自然《ふしぜん》な無菌状態《むきんじょうたい》の自《し》然《ぜん》だけを受《う》け入《い》れる態度《たいど》が、人間中心《にんげんちゅうしん》に物事《ものごと》を考《かんが》える習慣《しゅうかん》につながっている。

学校給食《がっこうきゅうしょく》の野菜《やさい》について、面白《おもしろ》い話《はなし》を聞《き》いたことがある。給食《きゅうしょく》のサラダに虫《むし》が入《はい》っていて、見《み》つけた子供《こども》が先生《せんせい》に訴《うった》えたそうだ。するとA先生《せんせい》は、虫《むし》がいるということは安全《あんぜん》な証拠《しょうこ》だから、除《のぞ》けば大丈夫《だいじょうぶ》だと生徒《せいと》に教《おし》えたという。一方《いっぽう》、B先生《せんせい》のところでも、サラダに虫《むし》が見《み》つかった。B先生《せんせい》は大騒《おおさわ》ぎして、生徒《せいと》にサラダを食《た》べないように言《い》い、教室《きょうしつ》は混乱《こんらん》し給食室《きゅうしょくしつ》に苦情《くじょう》を言《い》いに行《い》ったという。

これは少《すこ》し極端《きょくたん》な話《はなし》であるが、現代人《げんだいじん》の自然《しぜん》との関係《かんけい》をよく表《あらわ》している。私《わたし》も若《わか》い頃《ころ》は青虫《あおむし》が苦手《にがて》で、レタスなどについていようものなら、すぐに捨《す》てていた。けれども、子供《こども》が幼《おさな》い頃《ころ》、アゲハの幼虫《ようちゅう》を家《いえ》の中《なか》で飼《か》い、さなぎが羽化《うか》するのを何度《なんど》も経験《けいけん》し、虫《むし》に対《たい》する見方《みかた》が変《か》わった。

東京《とうきょう》にいた頃《ころ》は無農薬野菜《むのうやくやさい》の宅配《たくはい》をずっと注文《ちゅうもん》していて、野菜《やさい》の中《なか》から虫《むし》が出《で》てきて、びっくりすることもよくあった。今《いま》は家庭菜園《かていさいえん》をしているので、無農薬《むのうやく》で育《そだ》てれば虫《むし》がいることもあり、丁寧《ていねい》に洗《あら》えば何《なん》の問題《もんだい》もないと思《おも》うようになった。お店《みせ》で野菜《やさい》を買《か》うときなど、あまりに形《かたち》が綺《き》麗《れい》で、傷一《きずひと》つないのを見《み》ると、農薬《のうやく》を沢山使《たくさんつか》っているのではないかと、かえって不安《ふあん》になる。

〝森《もり》の中《なか》のオフィス〟でも、畑《はたけ》をしているが、先日《せんじつ》こんな会話《かいわ》があった。畑《はたけ》のキャベツに虫《むし》がついて、葉《は》っぱがレース状態《じょうたい》になっているとのことだった。フェイスブック上《じょう》にその書《か》き込《こ》みがあった時《とき》、沢山《たくさん》のキャベツを育《そだ》てたことのある人《ひと》からアドバイスがあった。虫《むし》のついたキャベツを青《あお》虫用《むしよう》にして、他《ほか》のキャベツにいる青虫《あおむし》もすべて割《わ》りばしでレース状態《じょうたい》のキャベツに運《はこ》ぶことをする。一《ひと》つのキャベツを丸《まる》ごと青虫《あおむし》に提供《ていきょう》することにより、他《ほか》の沢山《たくさん》のキャベツは、元気《げんき》に育《そだ》つのだそうだ。

こういう柔軟《じゅうなん》な自然《しぜん》との付《つ》き合《あ》い方《かた》を、人々《ひとびと》は昔《むかし》からしてきたのではないかと思《おも》う。今《いま》は虫《むし》がいれば殺虫剤《さっちゅうざい》でシュッと殺《ころ》してしまい、それで虫《むし》は死《し》ぬかもしれないが、人間《にんげん》にとっても決《けっ》して安全《あんぜん》ではない。異物《いぶつ》を排除《はいじょ》するという姿勢《しせい》は、ものの見方《みかた》や人間関係《にんげんかんけい》にも影響《えいきょう》し、狭《せま》い世界《せかい》をつくり出《だ》す。

新聞《しんぶん》の投書欄《とうしょらん》で、定年退職後《ていねんたいしょくご》の男性《だんせい》が家庭菜園《かていさいえん》の楽《たの》しみを書《か》いていた。その中《なか》で「無農薬《むのうやく》の野《や》菜《さい》が食《た》べられることを、ありがたく思《おも》う」と言《い》っていた。それを読《よ》んで、私《わたし》も同感《どうかん》だったが、家《か》庭菜園等《ていさいえんなど》でしか安全《あんぜん》な野菜《やさい》が食《た》べられない現実《げんじつ》を受《う》け入《い》れている自分《じぶん》、受《う》け入《い》れざるを得《え》ない現《げん》在《ざい》の社会状況《しゃかいじょうきょう》が、本当《ほんとう》は大変不自然《たいへんふしぜん》で、異常《いじょう》な事《こと》なのだと、改《あらた》めて気付《きづ》かされた。人間《にんげん》が口《くち》にするものが安全《あんぜん》であることが、他《ほか》の動物《どうぶつ》や植物《しょくぶつ》にも安全《あんぜん》であるはずだ。経済《けいざい》を優先《ゆうせん》させて、危険《きけん》な野菜《やさい》を作《つく》ることに、どんな意味《いみ》があるのだろうと考《かんが》えてしまう。自然《しぜん》を知《し》り、自然《しぜん》とのつながりを回復《かいふく》する必要性《ひつようせい》を、現代人《げんだいじん》は切実《せつじつ》に求《もと》められている。

男子《だんし》と厨房《ちゅうぼう》

「生《い》きがい」というものを人《ひと》は求《もと》めるが、生《い》きがいはどこかにすでにあるものではない。自分《じぶん》で見出《みいだ》すものであり、つくるものだと私《わたし》は思《おも》っている。

人《ひと》は何《なん》らかの仕事《しごと》をするが、その仕事《しごと》が面白《おもしろ》くなく、生《い》きがいが感《かん》じられないなどと言《い》うことがある。同《おな》じ仕事《しごと》をしても、一人《ひとり》の人《ひと》はその仕事《しごと》に価値《かち》を見出《みいだ》し、もう一人《ひとり》の人《ひと》は、意味《いみ》を認《みと》められないというのだ。人《ひと》の好《この》みや個人的《こじんてき》な特性《とくせい》とも関係《かんけい》するが、実際《じっさい》にこのような例《れい》は沢山《たくさん》ある。

家庭《かてい》の主婦《しゅふ》というのも立派《りっぱ》な仕事《しごと》であるが、収入《しゅうにゅう》がないから、あるいは誰《だれ》からも認《みと》められないから、生《い》きがいが感《かん》じられないという人《ひと》もいる。主婦《しゅふ》がしている仕事《しごと》のすべてを、家事代行《かじだいこう》サービスなどに頼《たの》むと大変《たいへん》な金額《きんがく》になる。社会的《しゃかいてき》に家庭《かてい》の仕事《しごと》の重要性《じゅうようせい》を認《みと》めることが必要《ひつよう》だ。女性《じょせい》の多《おお》くが外《そと》で働《はたら》くようになった現在《げんざい》は、以前《いぜん》に比《くら》べたら主婦《しゅふ》の仕事《しごと》に対《たい》する見方《みかた》も変《か》わってきた。

生《い》きがいが感《かん》じられないという人《ひと》の考《かんが》え方《かた》には、共通点《きょうつうてん》があって、どこかに素晴《すば》らしい生《い》きがいのある仕事《しごと》があるという考《かんが》え方《かた》を持《も》っていたり、自分《じぶん》で決《き》めた生《い》きがいの定義《ていぎ》にこだわり、それに照《て》らし合《あ》わせて目《め》の前《まえ》の仕事《しごと》のマイナス面《めん》ばかりを見《み》ている場合《ばあい》も多《おお》い。

新入社員《しんにゅうしゃいん》でどこかの会社《かいしゃ》に入《はい》った場合《ばあい》、最初《さいしょ》から責任《せきにん》のある仕事《しごと》が任《まか》される場合《ばあい》はほとんどない。今《いま》ではそんなことはあまりなくなったかもしれないが、かつては女性《じょせい》の新入社員《しんにゅうしゃいん》はお茶《ちゃ》くみをさせられた時代《じだい》もあった。そんな場合《ばあい》、お茶《ちゃ》くみだからつまらないと思《おも》う人《ひと》もいたかもしれないが、それが自分《じぶん》に与《あた》えられた仕事《しごと》だと素直《すなお》に受《う》け止《と》めて、美味《おい》しいお茶《ちゃ》を入《い》れて、皆《みな》に喜《よろこ》んでもらおうとすることもできる。また、たとえお茶《ちゃ》くみでも、働《はたら》く場《ば》が与《あた》えられたことに感謝《かんしゃ》して、目《め》の前《まえ》のしなくてはならないことを懸命《けんめい》に努《つと》めることで、その姿勢《しせい》が認《みと》められ、責任《せきにん》のある仕事《しごと》を任《まか》されるという場合《ばあい》もある。

だからどんな職場《しょくば》や環境《かんきょう》であっても、そこに良《よ》い点《てん》を見出《みいだ》し、感謝《かんしゃ》し、懸命《けんめい》に働《はたら》くことにより、生《い》きがいは感《かん》じられるし、また環境《かんきょう》も変化《へんか》していくものである。

家庭《かてい》の主婦《しゅふ》の仕事《しごと》にも同《おな》じような意味《いみ》があり、人間《にんげん》が生《い》きていく上《うえ》で、栄養《えいよう》のある美味《おい》しい食事《しょくじ》を作《つく》ることや、家《いえ》の中《なか》をきれいに整《ととの》え、身《み》の回《まわ》りを清潔《せいけつ》に保《たも》つということは大変重要《たいへんじゅうよう》な仕事《しごと》である。かつては専業主婦《せんぎょうしゅふ》のことを「三食昼寝《さんしょくひるね》付《つ》き」などと言《い》って、揶揄《やゆ》したことがあった。今《いま》は夫婦共《ふうふとも》に働《はたら》く家庭《かてい》も増《ふ》えてきて、男性《だんせい》も家庭《かてい》の仕事《しごと》の重要性《じゅうようせい》を理解《りかい》するようになったことは良《よ》い傾向《けいこう》だと思《おも》う。

「男子厨房《だんしちゅうぼう》に入《はい》らず」という言葉《ことば》がある。私《わたし》はこの言葉《ことば》の意味《いみ》を、「台所《だいどころ》は女性《じょせい》の領域《りょういき》で、男《おとこ》は台所《だいどころ》の仕事《しごと》などせず、天下国家《てんかこっか》のことに懸命《けんめい》になるべし」というように解釈《かいしゃく》していた。ところがこれは『孟子《もうし》』にあり、「君子《くんし》、庖厨《ほうちゅう》を遠《とお》ざくる也《なり》」が本来《ほんらい》の言葉《ことば》だそうだ。中国《ちゅうごく》では台所《だいどころ》は動《どう》物《ぶつ》などの屠殺《とさつ》の場所《ばしょ》だった。徳《とく》のある人《ひと》は、動物《どうぶつ》の鳴《な》き声《ごえ》やにおいなどを身近《みぢか》に感《かん》じると、食《た》べ物《もの》が食《た》べられなくなるから、近付《ちかづ》かないようにという意味《いみ》だったらしい。それが日本《にっぽん》に入《はい》ると、厨房《ちゅうぼう》での炊事《すいじ》などの仕事《しごと》は女性《じょせい》のするもので、男性《だんせい》は関《かか》わるべきではないと解釈《かいしゃく》されたという説《せつ》もある。それも今《いま》では死語《しご》になった感《かん》がある。

現代《げんだい》の若《わか》いお父《とう》さんたちは、子供《こども》のおむつを替《か》えることや離乳食《りにゅうしょく》を与《あた》えることも、自分《じぶん》の担当《たんとう》の仕事《しごと》のようにして、小《こ》まめにしている人《ひと》が多《おお》い。そのような姿《すがた》を見《み》ると、私《わたし》が子育《こそだ》てをした時《じ》代《だい》とはずいぶん違《ちが》うと感《かん》じる。台所《だいどころ》で食事《しょくじ》を作《つく》る男性《だんせい》の割合《わりあい》も高《たか》い。核家族化《かくかぞくか》がいよいよ進《すす》み、女性《じょせい》の社会進出《しゃかいしんしゅつ》が当《あ》たり前《まえ》になったことも大《おお》いに影響《えいきょう》しているだろう。お互《たが》いに助《たす》け合《あ》わなければ、家庭《かてい》も仕事《しごと》も上手《うま》く回《まわ》っていかないからだ。

この場合《ばあい》、注意《ちゅうい》しなければならないことがある。社会《しゃかい》では男女平等《だんじょびょうどう》の考《かんが》え方《かた》がある程度《ていど》理解《りかい》され、女性男性《じょせいだんせい》に関係《かんけい》なく能力《のうりょく》を発揮《はっき》し、女性《じょせい》の管理職《かんりしょく》も少《すこ》しずつではあるが増《ふ》えてきたのは良《よ》いことだ。ところがこの影響《えいきょう》を受《う》けて、父親《ちちおや》と母親《ははおや》の役割分担《やくわりぶんたん》があいまいになっていることがある。

列車《れっしゃ》や飛行機《ひこうき》などには運転手《うんてんしゅ》やパイロットがいる。スポーツ競技《きょうぎ》をするときには監督《かんとく》や、司令《しれい》塔《とう》の役割《やくわり》をするキャプテンの力《ちから》は大《おお》きい。一《ひと》つの家庭《かてい》の運営《うんえい》にも、やはり中心《ちゅうしん》となる人《ひと》が必要《ひつよう》だ。男女平等《だんじょびょうどう》だから、家庭《かてい》の中《なか》のことはよく分《わ》かっているからと、母親中心《ははおやちゅうしん》に物事《ものごと》を進《すす》めていくと、上手《うま》くいかないことがある。

男性《だんせい》と女性《じょせい》には、それぞれ特性《とくせい》がある。どちらかといえば、物事《ものごと》を論理的《ろんりてき》に考《かんが》えて理性《りせい》で判断《はんだん》し、方向性《ほうこうせい》を示《しめ》すことにたけているのが男性《だんせい》の特徴《とくちょう》である。家庭《かてい》を持《も》った男性《だんせい》は、責任感《せきにんかん》を持《も》って家族《かぞく》を守《まも》り、幸《しあわ》せにしようとするものだ。ところが、妻《つま》である女性《じょせい》が、その気持《きもち》を受《う》け止《と》めて生《い》かそうとしないと、男性本来《だんせいほんらい》の特性《とくせい》が発揮《はっき》されず、無責任《むせきにん》な夫《おっと》や父親《ちちおや》の姿《すがた》を現《あらわ》すのだ。

この事《こと》は男性《だんせい》の側《がわ》からも、同《おな》じことがいえる。家庭《かてい》は競争《きょうそう》の場《ば》ではなく、お互《たが》いが与《あた》え合《あ》い、生《い》かし合《あ》う場所《ばしょ》で、一《ひと》つのチームともいえる。それを知《し》ると、男女平等《だんじょびょうどう》という言葉《ことば》を薄《うす》っぺらに表面的《ひょうめんてき》に捉《とら》えてはいけないことが分《わ》かるだろう。

私《わたし》も一人《ひとり》の家庭《かてい》の主婦《しゅふ》として、多忙《たぼう》な日常《にちじょう》ではあるが、なるべく手《て》をぬかないで、懸命《けんめい》に家庭《かてい》の仕事《しごと》をすることに努《つと》めている。暇《ひま》ではないから、時間《じかん》を上手《じょうず》に使《つか》うための工夫《くふう》を常《つね》に心《こころ》がけている。そうすると、色々《いろいろ》なアイディアが浮《う》かんできて、楽《たの》しく生《い》きがいを感《かん》じて生活《せいかつ》できるのである。

何事《なにごと》にも、どんな場合《ばあい》でも生《い》きがいを感《かん》じるためには、その人《ひと》のものの見方《みかた》が大変重要《たいへんじゅうよう》だ。ともすれば、人間《にんげん》は物事《ものごと》の不足部分《ふそくぶぶん》、悪《わる》い部分《ぶぶん》を指摘《してき》し、改善《かいぜん》しようとする傾向《けいこう》にあるが、これは物事《ものごと》をさらに悪化《あっか》させる。

自分《じぶん》が今《いま》立《た》っている場所《ばしょ》、置《お》かれている状況《じょうきょう》をまず肯定《こうてい》することが大切《たいせつ》だ。そこから、プラスの部分《ぶぶん》、有《あ》り難《がた》いことや恵《めぐ》まれていることを探《さが》し出《だ》し、感謝《かんしゃ》する。この基本姿勢《きほんしせい》が確立《かくりつ》されると、どんな場面《ばめん》に遭遇《そうぐう》しても、前向《まえむ》きに受《う》け止《と》め、仕事《しごと》や置《お》かれた立場《たちば》で、生《い》きがいを感《かん》じることができる。生《い》きがいとは、自分《じぶん》が生《い》きていることを感謝《かんしゃ》して受《う》け止《と》め、その思《おも》いを、人《ひと》や社会《しゃかい》に返《かえ》すことだからだ。

5〜6月。愛らしい姿で咲くネモフィラ

春のレシピ

具材やソースをアレンジすれば
幅広い味わいが
楽しめる基本のベジバーグと
料理初心者にも作りやすい
山菜&スイーツレシピ。

【大豆《だいず》バーグ】

豆《まめ》とれんこんを使《つか》った基本《きほん》のベジバーグ。ポイントは大豆《だいず》を潰《つぶ》しすぎないこと。
豆《まめ》の種類《しゅるい》を変《か》えたり穀類《こくるい》を入《い》れてアレンジしても。

材料（4個分）

大豆（煮豆）	1カップ
れんこん	100g
玉ねぎ	½個
生しいたけ	2枚
ナッツ類	½カップ
しょうゆ	少々
ナツメグ	小さじ¼弱
塩・こしょう	各少々
パン粉	大さじ3
薄力粉	大さじ2
サラダ油	大さじ2

ソース

トマトケチャップ	大さじ4
中濃ソース	大さじ4
牛乳	大さじ4
しょうゆ	大さじ1½
酒	大さじ1½
塩・こしょう	各少々
バター	10g

作り方

1 れんこんは皮をむき、半分はすり下ろし、半分はみじん切りにする。玉ねぎと生しいたけはみじん切りにする。

2 すり鉢で大豆とナッツ類を粗く潰す。玉ねぎ、生しいたけ、れんこんを加える。

3 **2**にしょうゆ、ナツメグ、塩、こしょうを入れて混ぜ、パン粉、薄力粉を加える。

4 **3**を4等分にして丸く形を整える。

5 フライパンにサラダ油を熱し、中火で片面を焼く。焼き色がついたら裏返し、弱火にして蓋をし、7～8分蒸し焼きにする。最後に蓋をとり強火にし、両面にしっかり焼き色がついたら皿に盛る。

6 フライパンに油が残っていたら拭きとり、ソースの材料を混ぜ合わせてから入れ、数分間煮詰めたら**5**にかける。

【つくしの佃煮《つくだに》風《ふう》】

初《はじ》めての山菜料理《さんさいりょうり》にお勧《すす》めの一品《ひとしな》。下茹《したゆ》でする時《とき》、お湯《ゆ》が美《うつく》しい若草色《わかくさいろ》に。春《はる》の恵《めぐ》みを目《め》でも味《あじ》わえます。

材料

つくし	100g
サラダ油	大さじ½
しょうゆ・みりん（または砂糖）	各大さじ½
酒	少々

作り方

1 採ってきたつくしのはかまを取り除き、流水できれいに洗う。
2 鍋に湯を沸かし、塩ひとつまみ（分量外）を入れてさっと湯がく。冷水にとり、水気をしっかりと絞りアク抜きをする。
3 フライパンにサラダ油を熱し、**2**のつくしを入れ、油が全体に回るまで炒める。
4 しょうゆ、みりん（または砂糖）、酒を加えて全体を混ぜ合わせ、汁気がなくなるまで照りよく炒め煮にする。

【きなこクッキー】

香《こう》ばしくほろほろとした食感《しょっかん》の手軽《てがる》に作《つく》れるクッキー。
油分《ゆぶん》をバターだけでなくサラダ油《ゆ》にした軽《かる》い仕上《しあ》がりです。みそのコクが隠《かく》し味《あじ》に。

材料（直径 3cm で 24 枚分）

	バター（食塩不使用）	30g
	サラダ油（または太白ごま油*）	大さじ3
	砂糖	40g
	みそ	小さじ½
A	きな粉	60g
	薄力粉	35g
	強力粉（地粉、うどん粉でも代用可）	30g

作り方

1 室温に戻したバターとサラダ油に砂糖を加え、空気を含ませるように泡立て器でよく混ぜたら、みそを加えてさらに混ぜ合わせる。

2 **A** の材料をふるいにかけ、**1** に加え、なめらかになるまで混ぜる。

3 **2** をまとめて直径3cm の棒状にして蜜蝋ラップ（または食品用ラップ）に包み、冷蔵庫で2～3時間冷やし固める。

4 ラップを外し、幅1cm にカットする。オーブンシートを敷いた天板に並べ、180℃に熱したオーブンで 13 分焼く。

*ごま油特有の香りがほとんどない

スなど、手間《てま》のかかるものは時間《じかん》に余裕《よゆう》のある時《とき》に多《おお》めに作《つく》って冷凍《れいとう》しています。きんぴらやひじきの煮物《にもの》、おからなどの小《ちい》さなおかずは、お弁当用《べんとうよう》にも活躍《かつやく》します。餃子《ぎょうざ》、春巻《はるま》き、コロッケ、かき揚《あ》げなどは、調理済《ちょうりず》みのものと調理前《ちょうりまえ》のものの両方《りょうほう》を冷凍《れいとう》しています。青菜類《あおなるい》も２〜３束《たば》買《か》って、茹《ゆ》でて、１食分《しょくぶん》ずつ冷凍《れいとう》。にんにくやしょうがは１片《かけ》に、ねぎは小口切《こぐちぎ》りに、お揚《あ》げは刻《きざ》んで、それぞれ瓶《びん》に入《い》れて冷凍《れいとう》しています。季節《きせつ》ものの柚子《ゆず》の皮《かわ》やぎんなんも冷凍《れいとう》。きのこも石《いし》づきをとって小房《こふさ》に分《わ》けて生《なま》のまま冷凍《れいとう》しています。

冷凍以外《れいとういがい》では、キャベツや白菜《はくさい》は、買《か》った日《ひ》に株《かぶ》から一枚《いちまい》ずつはずして洗《あら》い水切《みずき》りしておくだけで調理時間《ちょうりじかん》が短《みじか》くなります。刻《きざ》んでおくと、なお便利《べんり》です。ごぼうやにんじん、大根《だいこん》もすべて洗《あら》って保存容器《ほぞんようき》のサイズに合《あ》わせて切《き》っておくだけ。時間《じかん》のある時《とき》に下準備《したじゅんび》をして、「温《あたた》めるだけ」「焼《や》くだけ」「揚《あ》げるだけ」など……手《て》を抜《ぬ》かずに温《あたた》かいお料理《りょうり》がいただける工夫《くふう》をしています。

Column

暮《く》らしの工夫《くふう》。「〇〇だけ」

東京《とうきょう》・原宿《はらじゅく》で暮《く》らしていた頃《ころ》は、会議《かいぎ》で遅《おそ》くなっても必《かなら》ずどこかの飲食店《いんしょくてん》は開《あ》いていました。ですが、山梨県《やまなしけん》・北杜市《ほくとし》に越《こ》してきたある会議《かいぎ》の日《ひ》、帰《かえ》って料理《りょうり》をするには遅《おそ》い時間《じかん》になってしまったので、近所《きんじょ》で夕食《ゆうしょく》を済《す》ませようと夫《おっと》と出《で》かけたものの、どこのお店《みせ》も開《あ》いていませんでした。また、普段食材《ふだんしょくざい》を買《か》い出《だ》しに行《い》くのも、東京《とうきょう》のような便利《べんり》さはありません。こうした経験《けいけん》から、不便《ふべん》な中《なか》でも手《て》を抜《ぬ》かない食《しょく》の工夫《くふう》が始《はじ》まりました。

基本《きほん》にあるのは「夫婦二人《ふうふふたり》で1食分《しょくぶん》の食事《しょくじ》ができるようにしておく」こと。すべて肉《にく》を使《つか》わず作《つく》ります。会議《かいぎ》の前日《ぜんじつ》には、シチューやおでんなど、温《あたた》めるだけで食《た》べられるものを作《つく》っておきます。また、ご飯《はん》と主菜《しゅさい》、副菜《ふくさい》を冷凍《れいとう》して、あとは汁物《しるもの》を作《つく》るだけで立《りっ》派《ぱ》な夕食《ゆうしょく》になるように備《そな》えてあります。

冷凍《れいとう》するお料理《りょうり》のポイントは、冷凍《れいとう》しても味《あじ》が変《か》わりにくいもの。魚《さかな》の南蛮漬《なんばんづ》けやシチュー、野菜《やさい》スープなどです。ホワイトソー

夏に見つめる いのちの輝き

夏の八ヶ岳山頂から

良心《りょうしん》を引《ひ》き出《だ》す

二〇二〇年《ねん》は梅雨《つゆ》が長《なが》くいつまでも雨《あめ》が降《ふ》り続《つづ》き、太陽《たいよう》が恋《こい》しく思《おも》われた。梅雨《つゆ》が明《あ》けたのは八月《がつ》に入《はい》ってからというところも多《おお》かったのである。日照不足《にっしょうぶそく》と長雨《ながあめ》で野菜《やさい》が腐《くさ》ったり成長《せいちょう》が遅《おく》れて、野菜《やさい》の値段《ねだん》が上《あ》がった。もっとも梅雨《つゆ》が明《あ》けてからは猛暑《もうしょ》の日々《ひび》で、私《わたし》の家《いえ》の近《ちか》くの産直《さんちょく》市場《いちば》では、夏野菜《なつやさい》が豊富《ほうふ》に顔《かお》を出《だ》すようになった。

ここは八ヶ岳《やつがたけ》の南麓《なんろく》で、標高《ひょうこう》千メートル以上《いじょう》の高地《こうち》なので、いわゆる寒冷地《かんれいち》だ。冬《ふゆ》に収穫《しゅうかく》できる野菜《やさい》は数《かず》が限《かぎ》られていて、地元《じもと》の野菜《やさい》だけでは冬《ふゆ》をしのぐのは難《むずか》しいところである。そんな地《ち》にもかかわらず、昭和《しょうわ》の初期《しょき》から開拓《かいたく》が始《はじ》まった。当時《とうじ》、冬《ふゆ》を越《こ》すのは容易《ようい》なことではなかっただろうと想像《そうぞう》できる。秋《あき》に収穫《しゅうかく》した根菜類《こんさいるい》やつけもの、乾物《かんぶつ》などを蓄《たくわ》えて、冬《ふゆ》ごもりに備《そな》えたのだろう。

翻《ひるがえ》って夏野菜《なつやさい》は豊富《ほうふ》だ。昼《ひる》と夜《よる》の気温差《きおんさ》が大《おお》きいので、良《よ》い野菜《やさい》ができるという利点《りてん》もある。

産直市場《さんちょくいちば》に行《い》くと色《いろ》とりどりのトマトや南瓜《かぼちゃ》、ズッキーニ、胡瓜《きゅうり》、茄子《なす》、トウモロコシなど夏野《なつや》菜《さい》の定番《ていばん》が揃《そろ》い、新顔《しんがお》のバターナッツ南瓜《かぼちゃ》やビーツも加《くわ》わり料理《りょうり》の楽《たの》しみが増《ふ》える。加《くわ》えて現代《げんだい》は流通《りゅうつう》が発達《はったつ》しているので、海《うみ》のない山梨県《やまなしけん》でも、新鮮《しんせん》な魚《さかな》が手《て》に入《はい》る。こんな環境《かんきょう》に暮《く》らしていると、世界《せかい》は豊《ゆた》かであるということに疑問《ぎもん》の余地《よち》は無《な》さそうだ。

さらにテレビのスイッチを入《い》れると、世界各地《せかいかくち》のグルメや日本《にっぽん》の様々《さまざま》な美味珍味《びみちんみ》、美味《おい》しいお菓子《かし》の紹介《しょうかい》などの番組《ばんぐみ》が目白押《めじろお》しだ。この世界《せかい》は美味《おい》しいものに溢《あふ》れていて、程度《ていど》の差《さ》はあっても、人々《ひとびと》はそれらを享受《きょうじゅ》して幸《しあわ》せに暮《く》らしていると思《おも》いがちだ。もちろんそういう側面《そくめん》もある。けれども世界《せかい》の現実《げんじつ》は、それほど楽観的《らっかんてき》なものではない。

現在《げんざい》の時点《じてん》で世界《せかい》の十一人《にん》に一人《ひとり》が、十分《じゅうぶん》な食事《しょくじ》をとることができないのである。その上《うえ》、食《た》べるものがほとんどなく飢餓《きが》に苦《くる》しみ死《し》んでいく人《ひと》が一年《ねん》に九百万人《まんにん》以上《いじょう》いるということだ。単《たん》純計算《じゅんけいさん》で東京《とうきょう》の人口《じんこう》のおよそ六十五%にあたる人《ひと》が毎年《まいとし》飢餓《きが》が原因《げんいん》で亡《な》くなっている。二〇二〇年現在《ねんげんざい》の世界人口《せかいじんこう》は七十七億人《おくにん》だ。それが今世紀《こんせいき》半《なか》ばには、百億人《おくにん》近《ちか》くになると予測《よそく》されている。

食《た》べることができなければ、人間《にんげん》は死《し》んでしまう。現在《げんざい》のペースで人口《じんこう》が爆発的《ばくはつてき》に増加《ぞうか》すれば、将来《しょうらい》はさらに深刻《しんこく》な食糧不足《しょくりょうぶそく》が懸念《けねん》されると、国連世界食糧計画《こくれんせかいしょくりょうけいかく》は警鐘《けいしょう》を鳴《な》らしている。世界《せかい》の指導者《しどうしゃ》の中《なか》には、自国民《じこくみん》の食糧確保《しょくりょうかくほ》にあらゆる手段《しゅだん》を使《つか》って取《と》り組《く》んでいるところもある。

現在《げんざい》の世界《せかい》でこれほどの不平等《ふびょうどう》があり、飢餓《きが》で苦《くる》しみ死《し》んでいく人《ひと》がいるのは、実際《じっさい》に食糧《しょくりょう》が不足《ふそく》しているからと単純《たんじゅん》に言《い》えないところに問題《もんだい》の複雑《ふくざつ》さがあり深刻《しんこく》だ。これには大《おお》まかに言《い》って四《よっ》つの要素《ようそ》がある。

一《ひと》つ目《め》は、人《ひと》が何《なに》を食《た》べるかということと大《おお》きく関係《かんけい》している。世界《せかい》の人々《ひとびと》は経済発展《けいざいはってん》をし豊《ゆた》かになればなるほど、肉食《にくしょく》をするようになる。牛《うし》や豚《ぶた》、鶏《にわとり》、養殖魚《ようしょくぎょ》などを短期間《たんきかん》で大《おお》きくする肥《ひ》育《いく》のために、今《いま》では常識《じょうしき》となっているのが穀物《こくもつ》の使用《しよう》である。穀物《こくもつ》は人間《にんげん》の主食《しゅしょく》であるが、世界《せかい》の穀物生産量《こくもつせいさんりょう》は現在《げんざい》の世界人口《せかいじんこう》を養《やしな》うだけの量《りょう》がある。けれども人間《にんげん》のためではなく、動物《どうぶつ》のために穀物《こくもつ》が生産《せいさん》されているので、飢餓《きが》の問題《もんだい》が起《お》こるのだ。肉《にく》を食《た》べることによって、豊《ゆた》かな人《ひと》は貧《まず》しい人《ひと》の食糧《しょくりょう》を間接的《かんせつてき》に奪《うば》っていることになる。牛《うし》などは草食動物《そうしょくどうぶつ》であるにもかかわらず、人間《にんげん》の需要《じゅよう》にこたえるために穀物飼料《こくもつしりょう》を与《あた》えられ、消化《しょうか》を促《うなが》すための薬《くすり》が投与《とうよ》されるということだ。なんと不自然《ふしぜん》な世界《せかい》になったことだろう。

二《ふた》つ目《め》は、農薬《のうやく》や化学肥料《かがくひりょう》の大量使用《たいりょうしよう》だ。これにより一時的《いちじてき》には沢山《たくさん》の収穫《しゅうかく》を得《え》ることができるが、やがて土地《とち》を不毛《ふもう》にし、新《あたら》しい土地《とち》を求《もと》めて森林伐採《しんりんばっさい》をする。このようなことが繰《く》り返《かえ》されると、いずれ地球上《ちきゅうじょう》には耕作地《こうさくち》が無《な》くなっていくという最悪《さいあく》の事態《じたい》も考《かんが》えられる。加《くわ》えて農薬《のうやく》による農民《のうみん》の健康被害《けんこうひがい》や、農薬《のうやく》や様々《さまざま》な薬品《やくひん》を含《ふく》む食料《しょくりょう》を口《くち》にする人間《にんげん》の体《からだ》にも悪《わる》い影響《えいきょう》を及《およ》ぼす。

三《みっ》つ目《め》は、世界《せかい》の多《おお》くの人《ひと》が、人間《にんげん》の幸福《こうふく》は物質的《ぶっしつてき》な豊《ゆた》かさによって得《え》られると思《おも》い込《こ》んでいることだ。豊《ゆた》かにものがあることが人類《じんるい》の進歩《しんぽ》であり人間《にんげん》の幸福《こうふく》だという、欲望中心《よくぼうちゅうしん》の考《かんが》え方《かた》である。経済発展《けいざいはってん》しなければ、世界《せかい》は終《お》わると思《おも》っているようだ。自由貿易《じゆうぼうえき》の名《な》のもと、グローバル化《か》が進《すす》み世界中《せかいじゅう》でものが行《い》き交《か》っているが、それらの輸送《ゆそう》のために排出《はいしゅつ》される二酸化炭素《にさんかたんそ》の排出量《はいしゅつりょう》は約《やく》二割《わり》を占《し》める。

その一方《いっぽう》で、人間《にんげん》の心《こころ》の底《そこ》には人《ひと》が困《こま》っていたら、何《なに》か援助《えんじょ》の手《て》を差《さ》し伸《の》べたいという気持《きもち》がある。そのような人間《にんげん》の本性《ほんせい》と自己中心的《じこちゅうしんてき》な欲望《よくぼう》を天秤《てんびん》にかけ、どちらを優先《ゆうせん》させるかであるが、これには国《くに》の指導者《しどうしゃ》がどちらの方向《ほうこう》に向《む》くかも大《おお》いに関係《かんけい》する。

四《よっ》つ目《め》は、これまで述《の》べてきたことが大《おお》きな要因《よういん》となっている、地球温暖化《ちきゅうおんだんか》の問題《もんだい》だ。二〇二〇年《ねん》の夏《なつ》も日本《にっぽん》では記録的《きろくてき》な猛暑《もうしょ》が観測《かんそく》された。極地《きょくち》の氷《こおり》の融解《ゆうかい》、海面上昇《かいめんじょうしょう》、夏《なつ》の猛暑《もうしょ》、冬《ふゆ》の大雪《おおゆき》、旱魃《かんばつ》、水害《すいがい》、大型台風《おおがたたいふう》。これらは温暖化《おんだんか》が大《おお》きく影響《えいきょう》しているといわれている。気象《きしょう》の激《はげ》しい変化《へんか》は、作物《さくもつ》の収穫《しゅうかく》にも影響《えいきょう》を及《およ》ぼす。海面上昇《かいめんじょうしょう》で住《す》む土地《とち》を奪《うば》われた人々《ひとびと》は、大量《たいりょう》の難民《なんみん》となって先進国《せんしんこく》に押《お》し寄《よ》せている。

人間《にんげん》が幸福《こうふく》を求《もと》めることは当然《とうぜん》で、何《なに》も問題《もんだい》はない。けれどもその幸福《こうふく》が誰《だれ》かの生活《せいかつ》を犠牲《ぎせい》にし、食糧《しょくりょう》を奪《うば》っているとすれば、それは他《た》の人《ひと》の生《い》きる権利《けんり》を侵《おか》していることになる。物事《ものごと》の背《はい》後《ご》に何《なに》があるかを知《し》らないと、人間《にんげん》は大《おお》きな罪《つみ》を犯《おか》すのだ。もしそれが悪《わる》いことで、人《ひと》を犠牲《ぎせい》にしているかもしれないとの自覚《じかく》があれば、人間《にんげん》の中《なか》にある良心《りょうしん》が働《はたら》き、自制《じせい》するのである。知《し》ることはとても大切《たいせつ》だ。

肉食《にくしょく》を減《へ》らし、可能《かのう》な限《かぎ》り有機食品《ゆうきしょくひん》を利用《りよう》し、地産地消《ちさんちしょう》を心《こころ》がけよう。温暖化《おんだんか》の原因《げんいん》になる生《せい》活《かつ》を慎《つつし》もう。自分以外《じぶんいがい》の人《ひと》のことも考《かんが》えよう。すべてできなくても、これらの一《ひと》つでも二《ふた》つでも自分《じぶん》でできることをすることにより、確実《かくじつ》に世界《せかい》は変《か》わる。

世界《せかい》の平和《へいわ》というのは、一人一人《ひとりひとり》が自分《じぶん》の行動《こうどう》が誰《だれ》かの犠牲《ぎせい》の上《うえ》に成《な》り立《た》っていないだろうかと顧《かえり》みることで得《え》られる。これは簡単《かんたん》ではなく難《むずか》しいから、世界《せかい》に争《あらそ》いが絶《た》えないのである。良《りょう》心《しん》の声《こえ》に耳《みみ》を傾《かたむ》ける習慣《しゅうかん》が、平和《へいわ》な世界《せかい》をつくるのだ。

7月。庭先で鈴なりに実をつけるフサスグリ（レッドカラント）

明《あか》るい心《こころ》のもとは

二〇一五年《ねん》の夏《なつ》は暑《あつ》い日《ひ》が続《つづ》き、八月《がつ》の日本各地《にっぽんかくち》は連日《れんじつ》三十五度《ど》を超《こ》える猛暑日《もうしょび》の記録《きろく》が更新《こうしん》された。それは日本《にっぽん》だけに限《かぎ》らず、世界各地《せかいかくち》でも四十度前後《どぜんご》の地域《ちいき》があった。地球温暖化《ちきゅうおんだんか》の影響《えいきょう》と思《おも》われる現象《げんしょう》だ。

そんな八月《がつ》のある日《ひ》、私《わたし》は新《あたら》しく出版《しゅっぱん》される本《ほん》の校正《こうせい》の締切日《しめきりび》で、編集者《へんしゅうしゃ》と打《う》ち合《あ》わせをする予定《よてい》だった。私《わたし》の住《す》む山梨県北杜市《やまなしけんほくとし》は高冷地《こうれいち》で、夏《なつ》の暑《あつ》い時期《じき》も比較的過《ひかくてきす》ごしやすく、朝晩《あさばん》は肌寒《はださむ》いこともある。一方日中《いっぽうにっちゅう》の日向《ひなた》は、日差《ひざ》しが強《つよ》く、気温《きおん》も三十度《ど》を超《こ》える厳《きび》しさだ。私《わたし》は校正《こうせい》を終《お》えた原稿《げんこう》を持《も》って、車《くるま》で出《で》かけるつもりでいた。ところが夫《おっと》が、「自転車《じてんしゃ》で出《で》かけたら」と提案《ていあん》してきた。全《まった》く考《かんが》えていなかったことだった。我《わ》が家《や》から、打《う》ち合《あ》わせ場所《ばしょ》の〝森《もり》の中《なか》のオフィス〟までは、少《すこ》し大《おお》げさに言《い》えば、一度山《いちどやま》を下《お》りて、再《ふたた》び山《やま》を登《のぼ》るのである。厳《きび》しい暑《あつ》さの中《なか》そんなことをしたら、くたばるのではないかと、自己限定《じこげんてい》していた。

二カ月半《げつはん》ほど前《まえ》に自転車《じてんしゃ》を買《か》ってもらったが、ここ一カ月《げつ》ばかり多忙《たぼう》と暑《あつ》さを理由《りゆう》に、自転車《じてんしゃ》に乗《の》っていなかった。自転車《じてんしゃ》に乗《の》ることに消極的《しょうきょくてき》な私《わたし》に夫《おっと》は、「そんなことを言《い》っていると、体《たい》力《りょく》が落《お》ちるよ」と言《い》う。この言葉《ことば》には理由《りゆう》があって、その日明《ひあ》け方《がた》、ベッドで寝《ね》ている時《とき》、私《わたし》は足《あし》がつって痛《いた》かった。滅多《めった》にないことだが、講習会《こうしゅうかい》*などで、ヒールを履《は》いて長《なが》い距離《きょり》を歩《ある》いた後《あと》などに、たまに足《あし》がつることがある。加《くわ》えて八月《がつ》は講習会《こうしゅうかい》が月末《げつまつ》にあるだけなので、私《わたし》の活動《かつどう》はもっぱら車《くるま》での移動《いどう》に頼《たよ》り、家事《かじ》や庭仕事《にわしごと》以外《いがい》、歩《ある》いたり体《からだ》を動《うご》かすことがほとんどなかった。夫《おっと》の言葉《ことば》ももっともなのだ。私《わたし》の健康《けんこう》を気遣《きづか》って言《い》ってくれていることがよく分《わ》かったので、少《すこ》し不安《ふあん》はあったが、「そうね、じゃあ、行《い》ってみようかしら」と答《こた》えた。

幸《さいわ》い私《わたし》の自転車《じてんしゃ》は、電動《でんどう》アシストで前《まえ》には大《おお》きなカゴもついているので、重《おも》い原稿《げんこう》の束《たば》も入《い》れることができる。自転車《じてんしゃ》の前《まえ》カゴに原稿用紙《げんこうようし》の袋《ふくろ》と、バッグ、水筒《すいとう》を入《い》れて、〝森《もり》の中《なか》のオフィス〟のメディアセンターに向《む》かった。

久《ひさ》しぶりに乗《の》った自転車《じてんしゃ》は、やはり快適《かいてき》だった。森《もり》の中《なか》なので爽《さわ》やかな風《かぜ》が全身《ぜんしん》を包《つつ》み、豊《ゆた》かな夏《なつ》の植物《しょくぶつ》の生気《せいき》がじかに感《かん》じられる。私《わたし》が危惧《きぐ》していた猛暑《もうしょ》は何処《どこ》へ行《い》ったのか。この気持良《きもちよ》さは、車《くるま》を走《はし》らせていては到底体感《とうていたいかん》できないものだ。夫《おっと》に感謝《かんしゃ》した。登《のぼ》りはやはり足《あし》に負担《ふたん》がかかるが、それも体《からだ》を動《うご》かして運動《うんどう》していることが感《かん》じられて、心地《ここち》よい抵抗《ていこう》だった。オフィスま

＊谷口雅宣・生長の家総裁、谷口純子・生長の家白鳩会総裁の講話を直接聴くことができる講習会

では二十分《ぷん》足《た》らずの道《みち》のりで、有意義《ゆういぎ》な打《う》ち合《あ》わせをすることができた。大《おお》きな車《くるま》を動《うご》かして来《き》たのではなく、自転車《じてんしゃ》を漕《こ》いで身軽《みがる》に来《き》たことが、さらに気分《きぶん》を軽《かる》くしてくれた。

帰《かえ》りは、自然食品《しぜんしょくひん》の店《みせ》と、地産地消《ちさんちしょう》の市場《いちば》に寄《よ》り、原稿《げんこう》のなくなったカゴに買《か》った物《もの》を入《い》れて、帰《かえ》ってきた。これもカゴのスペースが限《かぎ》られているし、あまり重《おも》いものは漕《こ》ぐのに負担《ふたん》がかかるので、必要《ひつよう》なものを適量《てきりょう》買《か》うことができて、スリムな行動《こうどう》につながった。

「夏《なつ》の暑《あつ》いときは、自転車《じてんしゃ》は無理《むり》」。こんな私《わたし》の思《おも》い込《こ》みを、夫《おっと》の一言《ひとこと》が破《やぶ》ってくれた。人間《にんげん》は自分《じぶん》では気《き》が付《つ》かないで、自分《じぶん》で限定《げんてい》して、「これはできない」とか「これはダメ」などと思《おも》っていることがよくある。そのことを気付《きづ》かせてくれるのが、周《まわ》りの人《ひと》のコトバや、自分《じぶん》の身辺《しんぺん》に起《お》こる出来事《できごと》、体《からだ》の調子《ちょうし》などである。

明《あか》るい、前向《まえむ》きな生活《せいかつ》を送《おく》るには、自分《じぶん》の周《まわ》りに起《お》こる出来事《できごと》に、謙虚《けんきょ》な気持《きもち》で対《たい》することと、人《ひと》のコトバを素直《すなお》に受《う》け入《い》れることであると、私《わたし》は改《あらた》めて思《おも》った。自分《じぶん》の狭《せま》い殻《から》に閉《と》じこもり、自分《じぶん》が正《ただ》しいと思《おも》う事《こと》だけに執着《しゅうちゃく》していると、狭《せま》い硬《かた》い融通《ゆうずう》の利《き》かない生活《せいかつ》になり、中々明《なかなかあか》るい生活《せいかつ》というわけにはいかない。

自分《じぶん》を取《と》り巻《ま》く人《ひと》をどう見《み》るかということも大切《たいせつ》だ。周《まわ》りの人《ひと》はどんな人《ひと》も、たとえどのような姿《すがた》に現《あらわ》れようと、自分《じぶん》を成長《せいちょう》させ、幸福《こうふく》に導《みちび》いてくれる人《ひと》である。そのことがよく分《わ》かると、明《あか》るい生活《せいかつ》ができる。

人間《にんげん》は、自分《じぶん》の心《こころ》の力《ちから》を使《つか》って、どんなものでもつくり出《だ》すことができる存在《そんざい》だ。実際《じっさい》に私《わたし》たちの環境《かんきょう》は、自分《じぶん》の心《こころ》がつくり出《だ》したものである。そこに不完全《ふかんぜん》があり、不満《ふまん》があるならば、自《じ》分《ぶん》の心《こころ》を変《か》えればいいということになる。ところが、自分《じぶん》の心《こころ》を変《か》えるということは、実際《じっさい》にはそんなに簡単《かんたん》なことではない。

それぞれの人《ひと》が、これまでの人生《じんせい》でつくり上《あ》げてきた自分《じぶん》の心《こころ》は、人《ひと》と比《くら》べられないその人独《ひとどく》特《とく》の個性的《こせいてき》なものだ。それを変《か》えるには、変《か》える必要性《ひつようせい》が切実《せつじつ》に感《かん》じられることも一《ひと》つの要素《ようそ》である。人生《じんせい》は自分《じぶん》の心《こころ》によってつくられるものなので、どのような人間観《にんげんかん》、人生観《じんせいかん》、世界観《せかいかん》をもっているかということが、最《もっと》も大切《たいせつ》だ。それが基本《きほん》となって、私《わたし》たちは、思《おも》い、見《み》、行動《こうどう》し、それが結局《けっきょく》その人《ひと》の心《こころ》となるからだ。

人間《にんげん》の心《こころ》の力《ちから》というのは、不思議《ふしぎ》なもので、例《たと》えばある人《ひと》が、「人間《にんげん》は環境《かんきょう》に支配《しはい》され、不幸《ふこう》な境遇《きょうぐう》に生《う》まれたら、不幸《ふこう》な人生《じんせい》を送《おく》る」と思《おも》っていると、そのような環境《かんきょう》を自分《じぶん》の心《こころ》でつくるのだ。

また別《べつ》の人《ひと》は、「どんな環境《かんきょう》に置《お》かれても、自分《じぶん》の人生《じんせい》は、自分《じぶん》の心次第《こころしだい》でどのようにでも変《へん》化《か》、改善《かいぜん》することができる」と信《しん》じていたら、そのような人生《じんせい》を送《おく》るのである。それくらい、人《にん》間《げん》の心《こころ》の力《ちから》は強力《きょうりょく》な実現力《じつげんりょく》を持《も》っている。だから、「人間《にんげん》は神《かみ》の子《こ》である」といわれるのだ。

明《あか》るい心《こころ》になるには、人間《にんげん》の本質《ほんしつ》が神《かみ》の子《こ》であり、神《かみ》は善一元《ぜんいちげん》の絶対的《ぜったいてき》な存在《そんざい》であり、本当《ほんとう》にあるものは、ただ善《ぜん》のみであるということを知《し》り、心《こころ》の底《そこ》から信《しん》じることである。これが、私《わたし》たちの心《こころ》を、根本《こんぽん》から明《あか》るく軽《かる》くするものだ。

物質的《ぶっしつてき》な富《とみ》、社会的《しゃかいてき》な名声《めいせい》や成功《せいこう》などは、一時的《いちじてき》には私《わたし》たちの心《こころ》を明《あか》るくしてくれるかもしれない。けれどもそれらは永遠《えいえん》に持続《じぞく》するものではない。社会《しゃかい》の変化《へんか》に伴《ともな》って、千変万化《せんぺんばんか》する。かつての栄光《えいこう》が、失《うしな》われたというようなことはよくある。現実《げんじつ》の世界《せかい》はそのように変化無常《へんかむじょう》で、変《か》わらないものは何《なに》もない。本当《ほんとう》にあるものを、深《ふか》く心《こころ》に確立《かくりつ》することが、明《あか》るさの根元《こんげん》になる。

お盆《ぼん》の風習《ふうしゅう》

八月《がつ》のお盆《ぼん》には多《おお》くの日本人《にっぽんじん》が故郷《こきょう》に帰省《きせい》する。お正月《しょうがつ》と並《なら》んで、民族大移動《みんぞくだいいどう》と呼《よ》んでもいい状況《じょうきょう》だ。その目的《もくてき》は、普段《ふだん》は離《はな》れ離《ばな》れに暮《く》らしている家族《かぞく》が、一堂《いちどう》に会《かい》することにより、自分《じぶん》の存在基盤《そんざいきばん》を確《たし》かめる意味《いみ》もあるのだと思《おも》う。特《とく》に現代《げんだい》は都会暮《とかいぐ》らしの人《ひと》が多《おお》く、核家族化《かくかぞくか》が進《すす》んでいるから、親族《しんぞく》が旧交《きゅうこう》を温《あたた》めることは心《こころ》の安定《あんてい》にも大《おお》きな効果《こうか》があるだろう。

お盆《ぼん》は元々《もともと》、亡《な》くなった先祖《せんぞ》の霊《れい》が、この世《よ》に帰《かえ》ってくる時《とき》とされる。旧暦《きゅうれき》のお盆《ぼん》は七月《がつ》で、現在《げんざい》では新暦《しんれき》の八月《がつ》に行《おこな》われるところが多《おお》く、十三日《にち》の盆《ぼん》の入《い》りに迎《むか》え火《び》を焚《た》いて先祖《せんぞ》を迎《むか》え、十六日《にち》の送《おく》り火《び》で霊《れい》を送《おく》るまでの四日間《よっかかん》がお盆《ぼん》とされる。この風習通《ふうしゅうどお》りに現在《げんざい》も行《おこな》っているところはそんなに沢山《たくさん》ないと思《おも》うが、ご仏壇《ぶつだん》に供《そな》え物《もの》をしてお墓参《はかまい》りをする人《ひと》は多《おお》い。先祖《せんぞ》の供養《くよう》をすることが目的《もくてき》ではあるが、子孫《しそん》が元気《げんき》に暮《く》らしていることを見《み》てもらい、安心《あんしん》して霊界《れいかい》に帰《かえ》ってもらいたいという願《ねが》いが、お盆《ぼん》の風習《ふうしゅう》の一面《いちめん》にはあるのではないかと思《おも》う。

「盆《ぼん》と正月《しょうがつ》が一緒《いっしょ》に来《き》たようだ」という言葉《ことば》があるが、この意味《いみ》は辞書《じしょ》によれば、非常《ひじょう》に忙《いそが》しい様子《ようす》をいい、またうれしいことや楽《たの》しいことが重《かさ》なることも意味《いみ》するそうだ。私《わたし》は後者《こうしゃ》のニュアンスで理解《りかい》していた。

私《わたし》の場合《ばあい》、故郷《こきょう》である三重県伊勢《みえけんいせ》に帰省《きせい》するのは年《ねん》に一回《いっかい》でお正月《しょうがつ》だが、この帰省《きせい》をとても楽《たの》しみにしている。母《はは》は亡《な》くなったが、父《ちち》と四人《にん》の妹《いもうと》とその家族《かぞく》、私《わたし》の子供《こども》たちの家族《かぞく》もうち揃《そろ》い、まずは伊勢神宮《いせじんぐう》に初詣《はつもう》でする。一年間《ねんかん》で小《ちい》さい子供《こども》たちは大《おお》きくなり、私《わたし》たち大人《おとな》はそれぞれ少《すこ》し歳《とし》をとっているかもしれないが、元気《げんき》に会《あ》えることは何《なに》よりと、有《あ》り難《がた》く思《おも》う。母《はは》のお墓《はか》にも、近況報告《きんきょうほうこく》をするような気持《きもち》でお参《まい》りする。

ほんの数日《すうじつ》のことであるが、私《わたし》にとって自分《じぶん》の原点《げんてん》に返《かえ》り、謙虚《けんきょ》な気持《きもち》で自分《じぶん》を見《み》ることのできる機会《きかい》である。成長《せいちょう》と共《とも》に親元《おやもと》を離《はな》れ、普段《ふだん》は一人《ひとり》の人間《にんげん》として活動《かつどう》しているが、この家族《かぞく》と共《とも》に暮《く》らし、育《そだ》てられ、今《いま》の自分《じぶん》があるのだということを、言葉《ことば》ではなく、その場《ば》にいることで感《かん》じられるのが、お盆《ぼん》やお正月《しょうがつ》の帰省《きせい》ではないかと思《おも》う。

私《わたし》が幼《おさな》い頃《ころ》の故郷《こきょう》の行事《ぎょうじ》で忘《わす》れられないのが、会式《えしき》の盆踊《ぼんおど》りである。正式《せいしき》には「お会式《えしき》」というそうで、もともとは各宗教《かくしゅうきょう》の開祖《かいそ》などの命日《めいにち》を中心《ちゅうしん》に行《おこな》われる法要《ほうよう》を指《さ》したようだ。

私《わたし》の故郷《こきょう》では九月《がつ》十五日《にち》が会式《えしき》で、ちょうどその頃《ころ》は秋祭《あきまつ》りの時期《じき》と重《かさ》なる。九月《がつ》の一日《ついたち》から、毎晩夜《まいばんよる》の七時《じ》から八時《じ》か九時《じ》だったか忘《わす》れたが、盆踊《ぼんおど》りのけいこが行《おこな》われる。小学生《しょうがくせい》の私《わたし》は、その練習《れんしゅう》に行《い》くのをとても楽《たの》しみにしていて、毎日《まいにち》欠《か》かさず熱心《ねっしん》に参加《さんか》していた。当時《とうじ》の私《わたし》は、日《に》本舞踊《ほんぶよう》を習《なら》っていたこともあり、踊《おど》ることが好《す》きだったのだろう。今振《いまふ》り返《かえ》ってみると、盆踊《ぼんおど》りの練習《れんしゅう》をワクワクして待《ま》ち焦《こ》がれていた記憶《きおく》がある。この会式《えしき》のために、母《はは》は毎年《まいとし》浴衣《ゆかた》を新調《しんちょう》してくれた。十五日《にち》の会式当日《えしきとうじつ》には、駅前《えきまえ》の広場《ひろば》に櫓《やぐら》が組《く》まれる。自分《じぶん》で選《えら》んだ柄《がら》の新《あたら》しい浴衣《ゆかた》を着《き》て、櫓《やぐら》を囲《かこ》んで踊《おど》るのである。時《とき》には櫓《やぐら》の上《うえ》に登《のぼ》らせてもらって、踊《おど》ることもあった。

普段《ふだん》は何《なん》の変哲《へんてつ》もない田舎《いなか》の駅前商店街《えきまえしょうてんがい》が、この日《ひ》は綿《わた》あめや金魚《きんぎょ》すくい、ヨーヨー釣《つ》りなどの屋台《やたい》が軒《のき》を連《つら》ね、大勢《おおぜい》の人《ひと》でにぎわう。綿《わた》あめを買《か》ったり、金魚《きんぎょ》すくいをするのは良《よ》かったが、屋台《やたい》で売《う》られる食《た》べ物《もの》は不衛生《ふえいせい》だという理由《りゆう》で許《ゆる》されなかった。各家庭《かくかてい》では、会式《えしき》のごちそうとして、握《にぎ》り寿司《ずし》を作《つく》るのが習《なら》いだった。この会式《えしき》の盆踊《ぼんおど》りも、死者《ししゃ》の霊《れい》を慰《なぐさ》めるものが始《はじ》まりだ。

昭和《しょうわ》三十年代《ねんだい》、西暦《せいれき》に直《なお》すと一九六〇年代前後《ねんだいぜんご》の頃《ころ》である。コミュニティーのつながりが強《つよ》く、子供《こども》たちは地域《ちいき》の中《なか》で子供同士《こどもどうし》だけでなく、大人《おとな》ともかかわりながら、様々《さまざま》なことを学《まな》び、成長《せいちょう》していった。こうして振《ふ》り返《かえ》ってみると、昭和《しょうわ》のその頃《ころ》までは、人々《ひとびと》の暮《く》らしと宗教《しゅうきょう》が深《ふか》く関《かか》わり合《あ》い、人《ひと》と人《ひと》とも強《つよ》い絆《きずな》で結《むす》ばれていたように思《おも》う。この後《あと》に戦後《せんご》の高度経済成長《こうどけいざいせいちょう》の時期《じき》が訪《おとず》れ、人々《ひとびと》は都会《とかい》へと移《うつ》り住《す》むのである。この時代《じだい》すでに、地方《ちほう》の過疎化《かそか》の問題《もんだい》が出始《ではじ》めているのだ。

やがて人々《ひとびと》の暮《く》らしは豊《ゆた》かになり、都会生活者《とかいせいかつしゃ》の増大《ぞうだい》に伴《ともな》い、個人主義的《こじんしゅぎてき》な傾向《けいこう》が強《つよ》まり、コミュニティーの崩壊《ほうかい》が始《はじ》まる。人《ひと》と人《ひと》の絆《きずな》も弱《よわ》まってきて、孤独《こどく》な人々《ひとびと》の精神的悩《せいしんてきなや》みが、社会問題《しゃかいもんだい》ともなってきたのである。その一方《いっぽう》で、古《ふる》い因習《いんしゅう》による縛《しば》りや差別《さべつ》、階級意識《かいきゅういしき》は弱《よわ》まり、民主《みんしゅ》的《てき》な平等《びょうどう》意識《いしき》が生《う》まれてきたことは、問題《もんだい》を含《ふく》みながらも良《よ》い面《めん》であったと思《おも》う。

二〇一九年《ねん》は、天皇陛下《てんのうへいか》がご在位《ざいい》三十年《ねん》を迎《むか》えられ、退位《たいい》された。退位《たいい》を前《まえ》に特集番組《とくしゅうばんぐみ》が様々《さまざま》に組《く》まれたが、その中《なか》で美智子皇后《みちここうごう》とのご成婚《せいこん》が、しばしば取《と》り上《あ》げられた。皇室《こうしつ》の慣習《かんしゅう》を破《やぶ》り、皇族《こうぞく》ではなく民間《みんかん》から妃殿下《ひでんか》を迎《むか》えられたことは当時《とうじ》大《おお》きな話題《わだい》となったが、時代《じだい》の変化《へんか》と無関《むかん》係《けい》ではないだろう。

長《なが》い伝統《でんとう》のある皇室行事《こうしつぎょうじ》の中《なか》でも、特《とく》に大切《たいせつ》にされているのが、ご祖先《そせん》への拝礼《はいれい》である。どのような立場《たちば》であれ、自分《じぶん》の命《いのち》があることは、先祖《せんぞ》あってのものだからこそ、先祖《せんぞ》への手厚《てあつ》い供《く》養《よう》、報恩感謝《ほうおんかんしゃ》の思《おも》いを捧《ささ》げることは、大《おお》きな意味《いみ》がある。今《いま》を生《い》きる私《わたし》たち一人一人《ひとりひとり》の命《いのち》の根源《こんげん》を尊《とうと》び敬《うやま》うことだから、それは自分自身《じぶんじしん》を大切《たいせつ》にし、敬《うやま》うことにもつながるのだ。

日本人《にっぽんじん》は無宗教《むしゅうきょう》といわれることが多《おお》いが、宗教《しゅうきょう》が生活《せいかつ》の中《なか》に慣習《かんしゅう》として組《く》み込《こ》まれていたので、改《あらた》めて意識《いしき》することがなかったのではないかと思《おも》う。意識《いしき》しないといつの間《ま》にか元《もと》の意義《いぎ》が忘《わす》れられて、自分自身《じぶんじしん》も知《し》らず、後世《こうせい》にも伝《つた》わらないということがある。

都会生活者《とかいせいかつしゃ》が人口《じんこう》の半分以上《はんぶんいじょう》を占《し》め、個人主義《こじんしゅぎ》の考《かんが》え方《かた》が進《すす》んでいる現代《げんだい》こそ、それぞれの命《いのち》の根源《こんげん》である父母《ちちはは》や先祖《せんぞ》を敬《うやま》うことが求《もと》められる。先祖《せんぞ》とのつながりを意識《いしき》することによって私《わたし》たちは、一人《ひとり》で生《い》きているのではなく、目《め》には見《み》えない多《おお》くの人《ひと》の思《おも》いを受《う》けて生《い》きてきたことを思《おも》い出《だ》す。また自分《じぶん》だけの力《ちから》で生《い》きているのではなく、様々《さまざま》な恩恵《おんけい》によって生《い》かされてきたことにも思《おも》いが及《およ》ぶ。その温《あたた》かな懐《なつ》かしさの中《なか》で、人《ひと》は心《こころ》の安定《あんてい》が得《え》られ、それは社会《しゃかい》の健全《けんぜん》な発《はっ》展《てん》へとつながるだろう。

永遠《えいえん》の価値《かち》

「あの人《ひと》は、自信《じしん》に満《み》ちて堂々《どうどう》としているわね」

こんなことを人《ひと》に対《たい》する評価《ひょうか》として、言《い》うことがある。これは年齢《ねんれい》に関係《かんけい》なく、若《わか》くてもそのような態度《たいど》、雰囲気《ふんいき》の人《ひと》がいる。その一方《いっぽう》で、いかにも自信《じしん》がなくて、「しっかりしてよ」と声《こえ》をかけたくなる人《ひと》もいる。

自信《じしん》があるように見《み》える人《ひと》は、様々《さまざま》な経験《けいけん》をして何《なに》かを成《な》し遂《と》げ、その人《ひと》の雰囲気《ふんいき》から自然《しぜん》に出《で》てくる場合《ばあい》と、自信《じしん》があるかのように見《み》せている場合《ばあい》がある。その違《ちが》いは少《すこ》し付《つ》き合《あ》えばやがて分《わ》かってくるものだが、最初《さいしょ》は分《わ》からず誤解《ごかい》してしまうこともある。そうかと思《おも》えば、普段《ふだん》は目立《めだ》たなくて静《しず》かで控《ひか》えめな人《ひと》が、優《すぐ》れた能力《のうりょく》を持《も》っていて大変優秀《たいへんゆうしゅう》だったり、目立《めだ》たないところで、社会《しゃかい》や他《た》の人《ひと》のために尽《つ》くしていることもある。人《ひと》を理解《りかい》するためには、上《うわ》っ面《つら》の印象《いんしょう》だけでは分《わ》からないということだ。

このように人《ひと》は皆違《みなちが》い、それぞれに個性的《こせいてき》なのはどうしてだろうか。それは当然《とうぜん》のことながら育《そだ》った環境《かんきょう》が違《ちが》い、経験《けいけん》が異《こと》なり、考《かんが》え方《かた》、ものの捉《とら》え方《かた》に相違《そうい》があるからだ。結果《けっか》として、その違《ちが》いが人《ひと》の行動《こうどう》を支配《しはい》し、雰囲気《ふんいき》をつくり、人生《じんせい》を支配《しはい》する。そして人《ひと》は外《そと》からどのように見《み》えても、みんな自分《じぶん》の弱《よわ》さや欠点《けってん》、不得手《ふえて》な部分《ぶぶん》を持《も》っている。それらとどのように折《お》り合《あ》いをつけ、あるいは克服《こくふく》し、前向《まえむ》きに生《い》きていこうかと、その人《ひと》なりに日々《ひび》努力《どりょく》しているのだろう。

私自身《わたしじしん》にしても同《おな》じで、できないことや不得手《ふえて》なことも色々《いろいろ》あるが、それらをあまり深刻《しんこく》に考《かんが》えないで、好《す》きなこと、得意《とくい》なこと、楽《たの》しめることを積極的《せっきょくてき》にするようにしている。そうすることで行動《こうどう》が広《ひろ》がり、やがては苦手《にがて》なことの克服《こくふく》につながっていく。また自分《じぶん》では不得手《ふえて》だと思《おも》っていたことも、思《おも》い切《き》って挑戦《ちょうせん》してみるとそれなりに楽《たの》しく、新《あら》たな自分《じぶん》を発見《はっけん》したりする。このようなことの繰《く》り返《かえ》しが、やがては人《ひと》の自信《じしん》になるのだ。

私《わたし》の好《す》きなことの一《ひと》つに、園芸《えんげい》や家庭菜園《かていさいえん》がある。東京《とうきょう》に住《す》んでいた頃《ころ》から、庭《にわ》にせっせと花《はな》の苗《なえ》や球根《きゅうこん》、種《たね》などを植《う》えた。またプランターや狭《せま》い地面《じめん》に野菜《やさい》の苗《なえ》や種《たね》を植《う》えて、ささやかな収穫《しゅうかく》を楽《たの》しんだりした。山梨県《やまなしけん》の北杜市《ほくとし》に引《ひ》っ越《こ》してからは、少《すこ》し広《ひろ》い家庭菜園《かていさいえん》の畑《はたけ》を庭《にわ》の一《いっ》角《かく》に作《つく》ることができた。私《わたし》は沢山《たくさん》の野菜《やさい》を植《う》えようと意気込《いきご》んで、小《ちい》さな耕運機《こううんき》も手《て》に入《い》れた。最初《さいしょ》の年《とし》はあれもこれもと、野菜《やさい》の苗《なえ》や種《たね》を沢山畑《たくさんはたけ》に植《う》えたものだ。ところが、私《わたし》の住《す》んでいるところは、標高《ひょうこう》が高《たか》く寒冷地《かんれいち》である。東京《とうきょう》で簡単《かんたん》に育《そだ》ったものが、うまく育《そだ》たない。認識不足《にんしきぶそく》も甚《はなは》だしく、そんな当《あ》たり前《まえ》のことに思《おも》いが至《いた》らなかった自分《じぶん》の考《かんが》えの浅《あさ》さを、思《おも》い知《し》ったのだった。

春《はる》になると、様々《さまざま》な野菜《やさい》を植《う》えたいと思《おも》い、種《たね》を買《か》う。ところが春《はる》は季節《きせつ》が良《よ》いこともあり、仕事《しごと》を含《ふく》めて様々《さまざま》な予定《よてい》が目白押《めじろお》しである。畑《はたけ》は冬《ふゆ》に雪《ゆき》で凍《こお》った後《あと》だから、耕《たがや》して肥料《ひりょう》も入《い》れなくてはならない。けれども、そのようなことを丹念《たんねん》にする時間《じかん》がなくて、ついつい後回《あとまわ》しにしていると、種《たね》のまく時《とき》を逃《のが》してしまう。こんなことを何度《なんど》も繰《く》り返《かえ》して、欲張《よくば》らず一《ひと》つでも作物《さくもつ》ができたらよしとしなくてはと、考《かんが》えるようになった。

また無農薬《むのうやく》、有機栽培《ゆうきさいばい》を目指《めざ》しているから、農薬《のうやく》や化学肥料《かがくひりょう》は使《つか》わない。するとそれなりに工《く》夫《ふう》が必要《ひつよう》だ。台所《だいどころ》の野菜《やさい》のくずなどはコンポストに入《い》れて肥料《ひりょう》を作《つく》り、果物《くだもの》の皮《かわ》やお茶殻《ちゃがら》は乾燥《かんそう》させて、畑《はたけ》に入《い》れる。精米《せいまい》で出《で》た米《こめ》ぬかも畑《はたけ》の肥料《ひりょう》にしている。我流《がりゅう》であるが制約《せいやく》があるからこそ、こまめに手《て》をかけるようになった。野菜《やさい》が収穫《しゅうかく》できることの喜《よろこ》びや有《あ》り難《がた》さ、育《そだ》てる過程《かてい》での難《むずか》しさや自然《しぜん》の力《ちから》の大《おお》きさなど、教《おし》えられることが色々《いろいろ》あり、家庭菜園《かていさいえん》一《ひと》つでも様々《さまざま》な経験《けいけん》をし、学《まな》ぶことが沢山《たくさん》ある。

こんなささやかなことに限《かぎ》らず、人《ひと》はみんな理想《りそう》や希望《きぼう》を持《も》っていて、今《いま》ある以上《いじょう》に、何《なに》かをしたいと思《おも》う。生長《せいちょう》の家《いえ》では、「人間《にんげん》は神《かみ》の子《こ》」であるから、内在《ないざい》する神《かみ》の善《ぜん》が表現《ひょうげん》を求《もと》めており、それが理想《りそう》や希望《きぼう》という形《かたち》で現《あらわ》れるという。内《うち》からの願《ねが》いを現実《げんじつ》のものとするために、努力《どりょく》や練《れん》習《しゅう》を繰《く》り返《かえ》し、夢《ゆめ》や理想《りそう》が実現《じつげん》したとき、それは自信《じしん》となって日々《ひび》の行動《こうどう》に現《あらわ》れる。

本当《ほんとう》の自信《じしん》というのは、人間《にんげん》が肉体的存在《にくたいてきそんざい》であるという考《かんが》え方《かた》からは出《で》てこない。肉体《にくたい》はやがて滅《ほろ》びて、影《かげ》も形《かたち》もなくなってしまう。そんな不確《ふたし》かな、はかないものから永遠《えいえん》に価値《かち》あるものは生《う》まれてこない。そして人《ひと》が本質的《ほんしつてき》に求《もと》めているものは意識《いしき》するしないにかかわらず、すぐに壊《こわ》れてなくなってしまうものではなく、永遠《えいえん》に滅《ほろ》びない価値《かち》である。そんなものがあるだろうかと疑問《ぎもん》に思《おも》うかもしれないが、人間《にんげん》が求《もと》めているということが、永遠《えいえん》に価値《かち》あるものの実在《じつざい》を示《しめ》している。人間《にんげん》は全《まった》く知《し》らないもの、経験《けいけん》のないものを求《もと》めることはできないからだ。永遠《えいえん》の価《か》値《ち》とは何《なに》かといえば、人間《にんげん》の人格《じんかく》の向上《こうじょう》、完成《かんせい》である。

前述《ぜんじゅつ》のごとく、肉体《にくたい》の人間《にんげん》はやがては死《し》ぬのである。人間《にんげん》は死《し》んでしまえば、それですべては終《お》わってしまうのだろうか。もしそうならば、私《わたし》たちが理想《りそう》や希望《きぼう》を求《もと》めて懸命《けんめい》に生《い》きることにどんな意味《いみ》があるのかという疑問《ぎもん》が湧《わ》いてくる。けれども人《ひと》は皆《みな》、肉体《にくたい》が滅《ほろ》んでも、人間《にんげん》の魂《たましい》はどこかで生《い》きているということを信《しん》じている。その証拠《しょうこ》に、私《わたし》たちは先祖供養《せんぞくよう》をし、お盆《ぼん》やお彼《ひ》岸《がん》にはお墓参《はかまい》りをする。その行動《こうどう》そのものが、肉体《にくたい》の死《し》が人間《にんげん》の終《お》わりではないということを示《しめ》している。

多《おお》くの人《ひと》は、物質的《ぶっしつてき》な豊《ゆた》かさや地位《ちい》、名誉《めいよ》などを求《もと》めている。この人生《じんせい》での成功《せいこう》や失敗《しっぱい》に一喜《いっき》一憂《いちゆう》し、時《とき》には自信《じしん》を無《な》くしたり有頂天《うちょうてん》になったりするのが私《わたし》たちだ。けれども肉体《にくたい》は必《かなら》ず滅《ほろ》びるものだということをおぼろげにではなく明《あき》らかに意識《いしき》し理解《りかい》していると、その行動《こうどう》は変《か》わってくる。目先《めさき》のことにこだわらず、大《おお》らかな気持《きもち》になれる。人間《にんげん》の本質《ほんしつ》に対《たい》する安心感《あんしんかん》を持《も》つことができるからだ。

「人間《にんげん》は神《かみ》の子《こ》であり、永遠《えいえん》に死《し》なない命《いのち》である」ということを知《し》り、信《しん》じることが、本当《ほんとう》の自《じ》信《しん》になる。

美しい羽を広げるオオミズアオ

夏のレシピ

夏野菜をたっぷりとりながら
しっかりスタミナをつけたい時の
和・洋・中のレシピ。
暑い夏こそ、
温かいスープがお勧めです。

【ベジ麻婆《マーボー》茄子《なす》丼《どん》】

動物性《どうぶつせい》の材料《ざいりょう》を一切《いっさい》使《つか》わない麻婆《マーボー》茄子《なす》。簡単《かんたん》にできるのに、味《あじ》わい深《ぶか》く満足感《まんぞくかん》があります。暑《あつ》い夏《なつ》に食欲《しょくよく》をそそる夏《なつ》バテ知《し》らずの一皿《ひとさら》。

材料（2人分）

温かいご飯……………	どんぶり2杯分	赤とうがらし …………	½本
なす……………………	2本	合わせ調味料	
にんじん ………………	3cm	だし汁（または水）…	1カップ
生しいたけ ……………	5枚	みそ・しょうゆ ………	各大さじ1½
長ねぎ…………………	¼本	片栗粉…………………	小さじ1
しょうが ………………	1片	ごま油…………………	大さじ3
ナッツ類………………	大さじ2	茹でた枝豆（あれば）…	適量

作り方

1. なすは1cm幅の斜め切りにする。にんじん、生しいたけ、長ねぎ、しょうが、ナッツ類はすべてみじん切りにする。赤とうがらしは小口切りにする。
2. フライパンにごま油を熱し、弱火でなすが柔らかくなるまで、両面をじっくり焼く。
3. なすを取り出し、同じフライパンで長ねぎとしょうがを炒める。香りが立ったら、にんじんと生しいたけを加えて軽く炒める。
4. **3**にナッツ類、赤とうがらし、合わせ調味料を入れて2～3分煮込む。
5. 仕上げに片栗粉を同量の水で溶いて加えとろみをつけて、なすを戻して全体を混ぜ合わせる。
6. どんぶりにご飯をよそい、**5**をかけ、枝豆などの青みを散らす。

【ハナビラタケのスープ】

シンプルな基本《きほん》の中華風《ちゅうかふう》スープ。和風《わふう》だしでも、こしょうとごま油《あぶら》であっという間《ま》に中華風《ちゅうかふう》に。お好《この》みで青《あお》ねぎの小口切《こぐちぎ》りを散《ち》らしても。

材料（2人分）

ハナビラタケ	1パック
乾燥わかめ	2g
だし汁	2カップ
豆腐	½丁
塩	小さじ½
しょうゆ・こしょう・ごま油	各少々

作り方

1 わかめは水で戻して、水気を切っておく。ハナビラタケは食べやすい大きさに割いておく。

2 だし汁を温め、一口大に切った豆腐とハナビラタケを入れて、塩、こしょう、しょうゆで味付けをする。

3 具材に火が通ったら、仕上げにわかめを入れてごま油を垂らす。

【夏野菜《なつやさい》のケークサレ】

難《むずか》しいイメージのあるケークサレですが、実《じつ》は簡単《かんたん》。栄養満点《えいようまんてん》で見《み》た目《め》も華《はな》やか。サイクリングや登山《とざん》の携行食《けいこうしょく》にもお勧《すす》めです。

材料（2人分）

薄力粉	120g	ピザ用チーズ	60g
ベーキングパウダー	小さじ1½	玉ねぎ	¼個
卵	2個	トマト	中1個
サラダ油	大さじ4	ピーマン	2個
牛乳	大さじ3	ちりめんじゃこ	50g
塩	小さじ1	しめじ（または生しいたけ）	1パック（3〜4枚）
こしょう	少々		

作り方

1 トマトは1cm角に切る。玉ねぎは薄切り、ピーマンは細切り、しめじは石づきをとってほぐす（生しいたけは石づきをとって薄切りにする）。

2 フライパンにサラダ油大さじ1（分量外）を熱し、玉ねぎをしんなりするまで炒める。

3 **2**にしめじとトマトを加えてさっと炒める。ピーマンとちりめんじゃこを加え、塩・こしょう（分量外）で下味をつけて取り出し、粗熱をとる。

4 ボウルに卵を入れて泡立て器で溶き、サラダ油、牛乳、塩、こしょうを順に加えて、さらによく混ぜ合わせる。

5 大きめのボウルを用意し、ふるった薄力粉とベーキングパウダーを入れる。中央にくぼみをつくり、**4**を少しずつ加え、泡立て器でダマがなくなるまで混ぜる。

6 **5**に**3**とチーズの半量を入れてよく混ぜる。

7 クッキングシートを敷いた型に**6**を流し入れ、上から残りのチーズを散らす。170〜180℃に熱したオーブンで40分焼く。竹串を刺して、何もついてこなければ出来上がり。

ンゲンは育《そだ》つことが分《わ》かりました。じゃがいも、玉《たま》ねぎ、大根《だいこん》、にんじんなどの根菜類《こんさいるい》も育《そだ》ちます。ルッコラは春《はる》から秋《あき》まで収穫《しゅうかく》でき、優等生《ゆうとうせい》です。

思《おも》いがけない出来事《できごと》の１つは、鹿《しか》の訪問《ほうもん》です。出《で》たばかりの芽《め》やきれいに咲《さ》いた花《はな》、土中《どちゅう》の根菜《こんさい》類《るい》などをあっという間《ま》に食《た》べてしまうのです。３年目《ねんめ》くらいには柵《さく》を作《つく》りましたが、それでも土《つち》を掘《ほ》り起《お》こして食《た》べてしまうことも。「明日収穫《あすしゅうかく》しよう」と思《おも》って翌日畑《よくじつはたけ》に行《い》き、食《た》べられているのを見《み》つけるとがっかり。そんな失敗《しっぱい》もありますが、土地《とち》と気候《きこう》の特徴《とくちょう》を学《まな》びながら楽《たの》しんでいます。

お庭《にわ》がない場合《ばあい》にお勧《すす》めなのが、プランター菜園《さいえん》。パセリやしそ、三《み》つ葉《ば》、バジルなどは育《そだ》てやすく、ミニトマトやなすもプランターで十分育《じゅうぶんそだ》ちます。我《わ》が家《や》でも、ハーブ類《るい》をはじめ、長《なが》ねぎも購入《こうにゅう》したら根《ね》の部分《ぶぶん》を切《き》り落《お》とし、プランターに植《う》えています。ほんの少《すこ》し彩《いろど》りや味《あじ》わいを加《くわ》えたい時《とき》に重宝《ちょうほう》します。まずは１種《しゅ》類《るい》だけでも育《そだ》ててみると、生活《せいかつ》の幅《はば》が広《ひろ》がります。

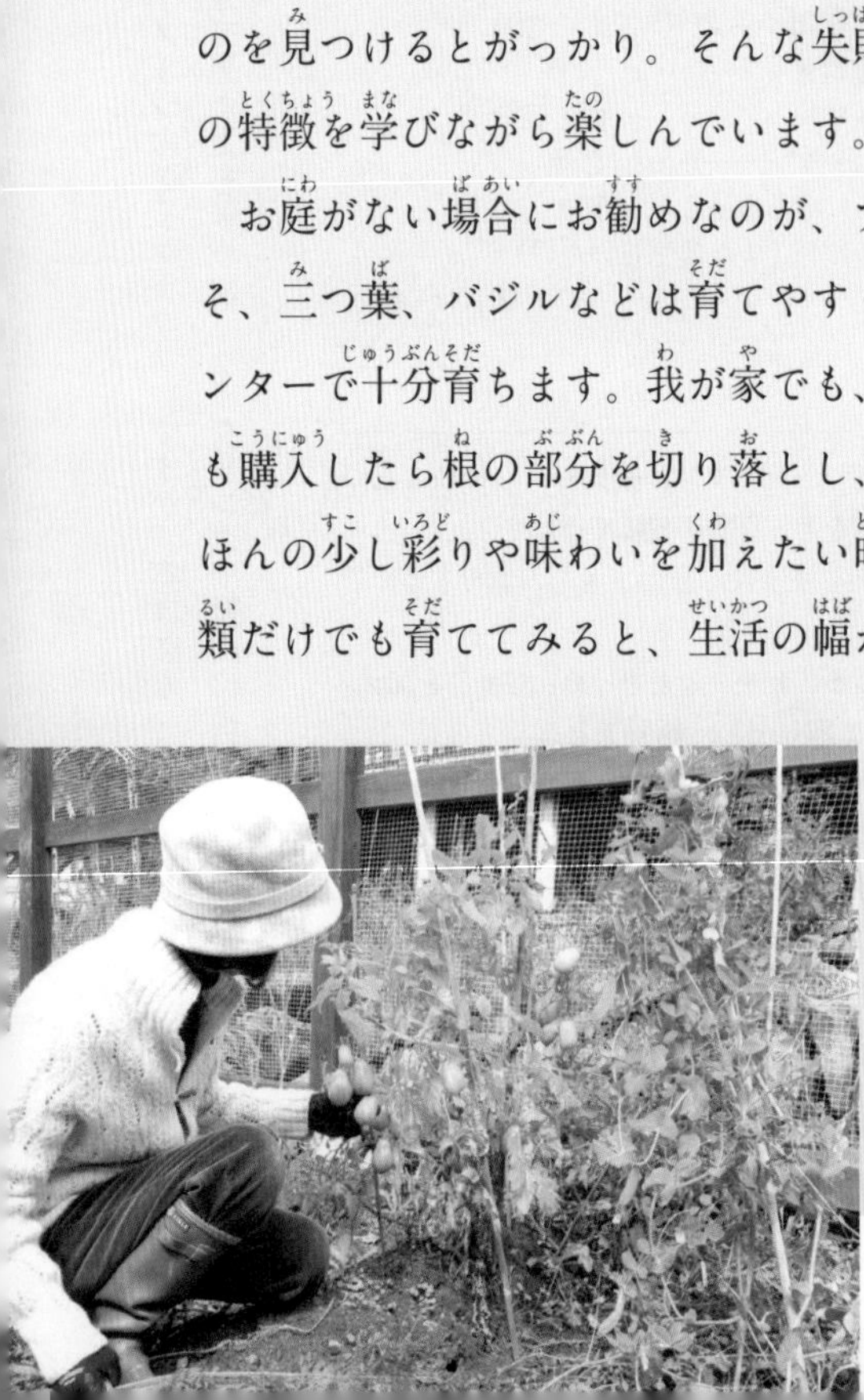

Column

家庭菜園《かていさいえん》のすすめ

夏《なつ》の楽《たの》しみの1つは家庭菜園《かていさいえん》です。東京《とうきょう》・原宿《はらじゅく》で暮《く》らしていた頃《ころ》から、庭《にわ》ではみかんやいちじく、柚子《ゆず》、みょうがなどが収穫《しゅうかく》でき、小《ちい》さな菜園《さいえん》もありました。庭《にわ》で収穫《しゅうかく》したものが食卓《しょくたく》に並《なら》ぶことは、とても豊《ゆた》かな経験《けいけん》です。だからこちらでは、畑《はたけ》の場所《ばしょ》をあらかじめ決《き》めて庭《にわ》づくりをしました。

とはいえ、標高《ひょうこう》1300メートルにある菜園《さいえん》に訪《おとず》れる夏《なつ》はのんびり。見様見真似《みようみまね》で始《はじ》めた高原《こうげん》での野菜《やさい》づくりでしたが、大小様々《だいしょうさまざま》な石《いし》が多《おお》い土地《とち》ということで苦労《くろう》もありました。また、苗《なえ》は無農《むのう》薬《やく》・無化学肥料《むかがくひりょう》で育《そだ》てられたものを、種《たね》も無農薬《むのうやく》の固定種《こていしゅ》を優先《ゆうせん》して購入《こうにゅう》していますが、最初《さいしょ》は、自分《じぶん》が植《う》えたいものをどんどん植《う》えていました。けれど、胡瓜《きゅうり》と茄子《なす》、スイカは寒《さむ》すぎるせいか、うまく育《そだ》ちませんでした。ピーマン、トマト、枝豆《えだまめ》、モロッコイ

秋の彩り、豊かな時間

赤や橙、黄色に色づく木の実

楽《たの》しいことをしよう

「朝《あさ》ごはんの後《あと》、キノコ採《と》りしよう」

その日《ひ》は体育《たいいく》の日《ひ》で良《よ》いお天気《てんき》だった。前日夜《ぜんじつよる》十一時前《じまえ》に、生長《せいちょう》の家講習会《いえこうしゅうかい》で広島《ひろしま》から帰《かえ》ってきた。入浴後《にゅうよくご》ベッドに入《はい》ったのは十二時《じ》を過《す》ぎていた。それでも、夫《おっと》も私《わたし》も元気《げんき》にいつも通《どお》りに起《お》きて朝食《ちょうしょく》をいただいた。その時《とき》の夫《おっと》の言葉《ことば》である。私《わたし》も同《おな》じことを考《かんが》えていたから、食後《しょくご》はいそいそと準備《じゅんび》をした。

森《もり》の中《なか》に暮《く》らすようになって五年目《ねんめ》になり、周《まわ》りの自然《しぜん》の様子《ようす》も大分《だいぶ》分《わ》かるようになってきた。キノコは、雨《あめ》の後《あと》によく出《で》るのだ。家《いえ》の裏《うら》から森《もり》に入《はい》ると、小《ちい》さいものも含《ふく》めて、色々《いろいろ》なキノコが発生《はっせい》していた。よく目《め》にはするが、名前《なまえ》の分《わ》からないものも沢山《たくさん》ある。そんな中《なか》で、私《わたし》たちが食用《しょくよう》として確実《かくじつ》に分《わ》かるのは、十種類《しゅるい》前後《ぜんご》だ。

私《わたし》が住《す》んでいる八ヶ岳南麓《やつがたけなんろく》で、キノコ採《と》りができるのは、梅雨《つゆ》の頃《ころ》から秋《あき》の終《お》わりまでの比較《ひかく》的《てき》長《なが》い期間《きかん》である。けれども全山《ぜんざん》キノコといえるクライマックスの時期《じき》はやはり九月末《がつまつ》から十月《がつ》だ。

キノコ採《と》りの経験《けいけん》がある人《ひと》はそれほど多《おお》くないと思《おも》うが、一度経験《いちどけいけん》するとほとんどの人《ひと》が、その魅力《みりょく》に取《と》りつかれる。私《わたし》の夫《おっと》もその一人《ひとり》だ。最初《さいしょ》はキノコ採《と》りなど全《まった》く興味《きょうみ》がなく、森《もり》の中《なか》を探検《たんけん》するように歩《ある》いていた。ところが秋《あき》の森《もり》の中《なか》には、様々《さまざま》なキノコが出《で》ている。その姿《すがた》は、愛《あい》嬌《きょう》があり可愛《かわい》い。そしてそれらの中《なか》に、食用《しょくよう》と毒《どく》のあるものがあり、それは外観《がいかん》では分《わ》からない。個体《こたい》一《ひと》つ一《ひと》つについての特徴《とくちょう》を知《し》り、知識《ちしき》がなければ、判別《はんべつ》がつかない。その奥深《おくぶか》さが、人《ひと》を惹《ひ》きつけるのではないかと思《おも》う。知的欲求《ちてきよっきゅう》を刺激《しげき》するのだ。中《なか》にはキノコは危《あぶ》ないと最初《さいしょ》から全《まった》く興味《きょうみ》を示《しめ》さない人《ひと》もいる。危険《きけん》を冒《おか》してまで採《と》らなくても、安全《あんぜん》なものが沢山《たくさん》売《う》っているのにと思《おも》うのかもしれない。私《わたし》の場合《ばあい》は幼《おさな》い頃《ころ》から、両親《りょうしん》にキノコ採《と》りにつれて行《い》ってもらい、その楽《たの》しさが記憶《きおく》として、強《つよ》く印象《いんしょう》に残《のこ》っている。

人間《にんげん》の脳《のう》の働《はたら》きには、右脳《うのう》と左脳《さのう》があるということは、脳科学《のうかがく》の発達《はったつ》によって多《おお》くの人《ひと》が知《し》るようになった。キノコ採《と》りは、まさに右脳《うのう》を活性化《かっせいか》させる働《はたら》きがある。経験《けいけん》と勘《かん》に頼《たよ》り、広《ひろ》い森《もり》の中《なか》をキノコを探《さが》して歩《ある》くのだ。なんとなく、場所《ばしょ》や環境《かんきょう》からキノコがあるのではないかと目《め》を凝《こ》らすと、案《あん》の定《じょう》キノコを見《み》つけることが多《おお》い。こんな体験《たいけん》ができることは、それほど多《おお》くなく、夢中《むちゅう》になって時間《じかん》が過《す》ぎるのも忘《わす》れる。私《わたし》たちも、三十分《ぷん》くらいと思《おも》って森《もり》に入《はい》ったが、休日《きゅうじつ》という気軽《きがる》さも手伝《てつだ》って、二時間近《じかんちか》く森《もり》の中《なか》をうろついていた。

右脳《うのう》と左脳《さのう》には、それぞれ得意《とくい》とする分野《ぶんや》があり、日常生活《にちじょうせいかつ》の中《なか》で両方《りょうほう》をバランスよく使《つか》うことが、健康《けんこう》で幸福《こうふく》な生活《せいかつ》に結《むす》び付《つ》く。ところが、現代社会《げんだいしゃかい》は効率優先《こうりつゆうせん》で、物質主義《ぶっしつしゅぎ》が社会全体《しゃかいぜんたい》を覆《おお》っている。また都会《とかい》に住《す》む人《ひと》が人類《じんるい》の半数《はんすう》以上《いじょう》を占《し》めるようになった。そのためどちらかといえば、左脳中心《さのうちゅうしん》の生活《せいかつ》に偏《かたよ》りがちで、脳全体《のうぜんたい》のバランスが崩《くず》れることがある。そこから様々《さまざま》な問《もん》題《だい》が起《お》こってくると脳科学者《のうかがくしゃ》は指摘《してき》している。

左脳《さのう》は物事《ものごと》を分析的《ぶんせきてき》に捉《とら》え、論理的《ろんりてき》に解釈《かいしゃく》し、言葉《ことば》による表現《ひょうげん》に優《すぐ》れている。一方《いっぽう》右脳《うのう》はものごとを映像的《えいぞうてき》に捉《とら》え、図形《ずけい》や顔《かお》などの全体像《ぜんたいぞう》を認識《にんしき》し、方向感覚《ほうこうかんかく》、地理《ちり》などの分野《ぶんや》を得意《とくい》とする。だからといって右脳《うのう》と左脳《さのう》は別々《べつべつ》の働《はたら》きをするのではなく、ある分野《ぶんや》が優位《ゆうい》であるというもので、両方《りょうほう》をバランスよく使《つか》うことが健全《けんぜん》な生活《せいかつ》に結《むす》び付《つ》く。考《かんが》えれば当《あ》たり前《まえ》のことであるが、その当《あ》たり前《まえ》を維持《いじ》することが現代生活《げんだいせいかつ》では難《むずか》しくなっているので、あえて右脳《うのう》の働《はたら》きに注目《ちゅうもく》して、取《と》り上《あ》げられることが多《おお》いのだろう。

高度工業化《こうどこうぎょうか》、情報化《じょうほうか》が進《すす》み、消費経済《しょうひけいざい》が中心《ちゅうしん》となっている現代社会《げんだいしゃかい》では、人々《ひとびと》はお金《かね》さえあれば、幸《しあわ》せな生活《せいかつ》ができるという極端《きょくたん》な考《かんが》え方《かた》になりやすい。実際《じっさい》お金《かね》があれば、物質的《ぶっしつてき》には不《ふ》自由《じゆう》のない豊《ゆた》かな生活《せいかつ》を送《おく》ることができる。けれども、人間《にんげん》はそれだけでは満足《まんぞく》できない。人《ひと》との触《ふ》れ合《あ》いを通《つう》じた豊《ゆた》かな人間関係《にんげんかんけい》や、自然《しぜん》を身近《みぢか》に感《かん》じたり、自然《しぜん》の中《なか》に身《み》を置《お》くことが精神《せいしん》の安定《あんてい》には重要《じゅうよう》な役割《やくわり》を果《は》たす。人間《にんげん》にはそのような欲求《よっきゅう》が本来《ほんらい》あるのだ。

現代生活《げんだいせいかつ》は大変便利《たいへんべんり》で、スイッチ一《ひと》つで何《なん》でもできる。また食事《しょくじ》も、特《とく》に都会《とかい》では外食産業《がいしょくさんぎょう》が発達《はったつ》し、コンビニやスーパー、デパ地下《ちか》などでは沢山《たくさん》の種類《しゅるい》の中《なか》から、惣菜《そうざい》を購入《こうにゅう》することができる。便利《べんり》に違《ちが》いないが、そんな生活《せいかつ》は費用《ひよう》がかさみ、沢山《たくさん》の廃棄物《はいきぶつ》を出《だ》す。都会《とかい》の一人暮《ひとりぐ》らしでも、自分《じぶん》で炊飯器《すいはんき》でご飯《はん》を炊《た》き、味噌汁《みそしる》を作《つく》る。ペットボトルの飲《の》み物《もの》を買《か》うのではなく、お湯《ゆ》を沸《わ》かして、お茶《ちゃ》を入《い》れて飲《の》む。そんな生活《せいかつ》は面倒《めんどう》と思《おも》うかもしれないが、続《つづ》けることで心《こころ》の満足《まんぞく》や潤《うるお》いが生《う》まれてくる。こういう活動《かつどう》が右脳《うのう》を活性化《かっせいか》させるからだ。

自分《じぶん》の身体《からだ》を使《つか》い、面倒《めんどう》なことをし、自然《しぜん》との親密《しんみつ》な関係《かんけい》を持《も》つことも、右脳《うのう》を活性化《かっせいか》させる。都会《とかい》であっても田舎《いなか》であっても、現代人《げんだいじん》は忙《いそが》しい生活《せいかつ》をしているので、自然《しぜん》に触《ふ》れる機会《きかい》があまりないかもしれない。けれども自分《じぶん》で意識《いしき》することにより、身近《みぢか》に自然《しぜん》を感《かん》じることはできる。

ビルに遮《さえぎ》られて、広々《ひろびろ》としていないかもしれないが、空《そら》を見上《みあ》げると青空《あおぞら》や、雲《くも》が見《み》える。空《そら》も少《すこ》しは広《ひろ》い。少《すこ》し広《ひろ》い公園《こうえん》に行《い》けば、植《う》えられている木《き》や花《はな》から季節《きせつ》を感《かん》じることができる。都会《とかい》でも道端《みちばた》には、野生《やせい》の小《ちい》さな花《はな》が咲《さ》いている。そんなちっぽけなものには目《め》を向《む》けず、花屋《はなや》で売《う》られている豪華《ごうか》な花《はな》に目《め》を奪《うば》われていたかもしれない。野《の》の花《はな》に注目《ちゅうもく》すると、確実《かくじつ》に季節《きせつ》を表《あらわ》していて、よく見《み》ると小《ちい》さくても、一《ひと》つ一《ひと》つの構造《こうぞう》は美《うつく》しく精巧《せいこう》にできている。到底《とうてい》人間《にんげん》の及《およ》ばない美《び》を備《そな》えていて、驚《おどろ》かされる。

このようなことを意識《いしき》して繰《く》り返《かえ》していると、ものの見方《みかた》が変《か》わり、自分《じぶん》の身《み》の回《まわ》りに多《おお》くの美《び》や恵《めぐ》みがあることに気《き》が付《つ》いて、心《こころ》が豊《ゆた》かになる。右脳《うのう》を活性化《かっせいか》するとは、自己中心的《じこちゅうしんてき》な目《め》の前《まえ》の目的《もくてき》だけに目《め》を向《む》けず、本来《ほんらい》与《あた》えられている沢山《たくさん》の豊《ゆた》かさに気《き》が付《つ》くことなのである。

面白い造形のつる植物

タルトタタンを当《あ》てよう

タルトタタンというお菓子《かし》を知《し》っている人《ひと》もいると思《おも》うが、日本《にっぽん》ではあまり一般的《いっぱんてき》ではないかもしれない。もともとフランスの焼《や》き菓子《がし》で、アップルパイの一種《いっしゅ》である。タルトタタンの誕生《たんじょう》したいきさつには諸説《しょせつ》あるが、失敗説《しっぱいせつ》が有力《ゆうりょく》なようだ。

フランスのロワール地方《ちほう》でホテルを経営《けいえい》していたタタン姉妹《しまい》が、誕生《たんじょう》のきっかけを作《つく》った。アップルパイを焼《や》くつもりが手順《てじゅん》を間違《まちが》えたのだ。アップルパイは、型《かた》にパイ皮《がわ》となるタルト生地《きじ》を敷《し》いて、その中《なか》にリンゴの煮《に》たものを敷《し》き詰《つ》めて焼《や》く。ところがパイ皮《がわ》を敷《し》かずにリンゴを入《い》れてしまったので、仕方《しかた》なくリンゴの上《うえ》にパイ皮《がわ》をのせて焼《や》いた。するとリンゴ煮《に》の糖分《とうぶん》がキャラメリゼ（砂糖《さとう》が焦《こ》げること）されて香《こう》ばしくなり、アップルパイとは違《ちが》った美味《おい》しさになった。最《さい》初《しょ》に作《つく》った姉妹《しまい》の名《な》を冠《かん》して、タルトタタンと呼《よ》ばれ、フランスだけでなく今《いま》では世界中《せかいじゅう》に広《ひろ》まっている。失敗《しっぱい》から生《う》まれた、いわば瓢箪《ひょうたん》から駒《こま》といってもよい焼《や》き菓子《がし》である。

夫《おっと》はお菓子《かし》をあまり好《この》む方《ほう》ではないが、タルトタタンだけは特別《とくべつ》だ。私《わたし》は子供《こども》が小《ちい》さい時《とき》からよく家《いえ》で、ケーキやクッキーを焼《や》いた。だからタルトタタンも知《し》っていたが、アップルパイに比《くら》べ工程《こうてい》が難《むずか》しそうだったので敬遠《けいえん》し、もっぱら買《か》うケーキだった。ある時《とき》、レストランでデザートにタルトタタンを注文《ちゅうもん》した。それがとても美味《おい》しかったので、以来好物《いらいこうぶつ》となったのだ。

東京《とうきょう》に住《す》んでいた頃《ころ》は原宿住《はらじゅくず》まいで、渋谷《しぶや》のデパートにある洋菓子店《ようがしてん》で、たまにタルトタタンを買《か》うことがあった。ここのタルトタタンは美味《おい》しいと評判《ひょうばん》だった。

二〇一三年《ねん》に山梨県北杜市《やまなしけんほくとし》の八ヶ岳南麓《やつがたけなんろく》に引《ひ》っ越《こ》しをした。私《わたし》たちの住《す》む大泉町《おおいずみちょう》は、こだわりのパン屋《や》さんや本格的《ほんかくてき》なウィーン菓子店《がしてん》、熟練《じゅくれん》のケーキ職人《しょくにん》の焼《や》くケーキやクッキーの店《みせ》がある。けれども、タルトタタンを買《か》える店《みせ》は見《み》つからなかった。

秋《あき》になり、リンゴが市場《いちば》に並《なら》ぶようになった。ここにタルトタタンがないのなら、作《つく》ってみようと思《おも》った。上手《じょうず》にできるかどうかは分《わ》からなかったが、たとえうまくできなくても夫《おっと》の喜《よろこ》ぶ顔《かお》が浮《う》かぶのだった。

レシピは色々《いろいろ》ためていて、中《なか》に新聞《しんぶん》の切《き》り抜《ぬ》きで、あるレストランのシェフのものがあった。毎日《まいにち》タルトタタンを焼《や》いていて、自信《じしん》があるそうだ。作《つく》り方《かた》もシンプルなので、作《つく》ってみた。出《で》来上《きあ》がりは、初《はじ》めてにしてはよくできた。そして夫《おっと》はとても喜《よろこ》んだ。それ以来《いらい》、リンゴの季節《きせつ》になると、タルトタタンを焼《や》くようになった。

月《つき》に一回《いっかい》、生長《せいちょう》の家《いえ》の役員会《やくいんかい》があるが、三時《じ》にティーブレイクとして紅茶《こうちゃ》とお菓子《かし》をいただく。このお菓子《かし》は、夫《おっと》と私《わたし》が講習会《こうしゅうかい》で訪《おとず》れた土地《とち》のものを買《か》ってくる。ところがある年《とし》の暮《く》れ、十二月《がつ》の役員会《やくいんかい》のことだ。前日夕食時《ぜんじつゆうしょくじ》に夫《おっと》と「明日《あす》は役員会《やくいんかい》ね」と話《はな》していた時《とき》、はたと気《き》が付《つ》いたのである。お菓子《かし》を買《か》うのを忘《わす》れていたのだ。こんなことは初《はじ》めてだった。役員会前《やくいんかいまえ》の講習《こうしゅう》会《かい》では、帰《かえ》りに地方《ちほう》の空港《くうこう》や駅《えき》の売店《ばいてん》で、夫《おっと》とお菓子《かし》を色々物色《いろいろぶっしょく》するのであるが、その時《とき》は頭《あたま》から抜《ぬ》け落《お》ちていた。駅《えき》での時間《じかん》が少《すく》なく、夕食《ゆうしょく》のための駅弁《えきべん》を買《か》ったので、心《こころ》に余裕《よゆう》がなかったせいかもしれない。

「今回《こんかい》はお菓子《かし》なしでいいよ」と夫《おっと》が言《い》った。その時《とき》、テーブルの隅《すみ》には、私《わたし》が昼間《ひるま》に焼《や》いたタルトタタンがあった。タルトタタンに気《き》が付《つ》いた夫《おっと》は、「これを出《だ》せばいいよ」と指《ゆび》さした。思《おも》いがけない提案《ていあん》に、私《わたし》は驚《おどろ》いた。夫《おっと》のために焼《や》いた普段着《ふだんぎ》のお菓子《かし》である。丸々《まるまる》ケーキがあるといっても、切《き》り分《わ》けてせいぜい十人分《にんぶん》くらいにしかならない。それでもいいと夫《おっと》は言《い》う。自分《じぶん》が美味《おい》しいと思《おも》うものは、人《ひと》に出《だ》してもよいと思《おも》ったのだろうか。役員会《やくいんかい》は倍《ばい》くらいのメンバーがいるが、くじ引《び》きにして、外《はず》れた人《ひと》には家《いえ》にあるお菓子《かし》を出《だ》すことになった。

そう決《き》まると、もの作《づく》りが好《す》きな夫《おっと》は、頭《あたま》を巡《めぐ》らせ意欲的《いよくてき》にくじ作《づく》りに取《と》り組《く》んだ。そして翌《よく》日《じつ》、会議《かいぎ》の切《き》りのいいところで「くじ引《び》きをします」と言《い》って、みんなを驚《おどろ》かせた。くじというのは、大人《おとな》も子供《こども》も当《あ》たるかどうかと、多少《たしょう》ワクワクするものだ。外《はず》れの人《ひと》の少《すこ》しがっかりした顔《かお》、当《あ》たりを引《ひ》いた人《ひと》のうれしそうな顔《かお》を見《み》ながら、こんな趣向《しゅこう》も時《とき》には面白《おもしろ》いものだと思《おも》った。

北杜市《ほくとし》に引《ひ》っ越《こ》しをして、私《わたし》の生活《せいかつ》は変《か》わった。それまでは都会《とかい》の真《ま》ん中《なか》での暮《く》らしだった。交通網《こうつうもう》は縦横《じゅうおう》に張《は》り巡《めぐ》らされ、欲《ほ》しいと思《おも》うものは何《なん》でもすぐ手《て》に入《はい》った。移転《いてん》した当初《とうしょ》は不便《ふべん》を感《かん》じることもあったが、ここでの暮《く》らしの当《あ》たり前《まえ》が身《み》についてくると、不便《ふべん》をあまり不便《ふべん》と思《おも》わなくなった。それよりも、何《なに》かがなければ自分《じぶん》で作《つく》ってみよう、他《ほか》のもので代用《だいよう》できないかと思《おも》うようになった。より創造的《そうぞうてき》で、自立《じりつ》した生活《せいかつ》が、一般的《いっぱんてき》には不便《ふべん》と思《おも》われる環境《かんきょう》から生《う》まれることを、身《み》をもって経験《けいけん》した。タルトタタンを手作《てづく》りしたのも、その一《ひと》つだ。

私《わたし》の両親《りょうしん》が子供《こども》だった頃《ころ》、あるいは祖父母《そふぼ》の時代《じだい》には、多《おお》くのものを手作《てづく》りして生活《せいかつ》していた。それが戦後《せんご》の高度経済成長期《こうどけいざいせいちょうき》を経《へ》て、市場《しじょう》にはモノが溢《あふ》れ、人々《ひとびと》は安易《あんい》にものを買《か》うようになった。大量生産《たいりょうせいさん》、大量消費《たいりょうしょうひ》は、多《おお》くのエネルギーを必要《ひつよう》とする。その結果《けっか》、地球温暖化《ちきゅうおんだんか》をもたらし、自然生態系《しぜんせいたいけい》を傷《きず》つけてきた。それでもいまだに、世界中《せかいじゅう》が経済発展《けいざいはってん》を追《お》い求《もと》めている。この流《なが》れをどうしても止《と》めなければ、次世代《じせだい》、次々世代《じじせだい》の地球《ちきゅう》は、悲惨《ひさん》な状況《じょうきょう》になることが予想《よそう》される。

少《すこ》し不便《ふべん》で、少《すこ》し足《た》りない生活《せいかつ》から、工夫《くふう》や創造性《そうぞうせい》が発揮《はっき》される。難《むずか》しいと思《おも》っていたタルトタタンも、何度《なんど》も作《つく》るうちにうまくできたと思《おも》えるようになった。それは自分《じぶん》の中《なか》にある能力《のうりょく》だから、自信《じしん》となり、心《こころ》が充足《じゅうそく》する。物《もの》を買《か》うことによって得《え》られる喜《よろこ》びは、一時的《いちじてき》なものであり、そのためには常《つね》にお金《かね》が必要《ひつよう》で、不安定《ふあんてい》なものだ。

私《わたし》たちは縄文人《じょうもんじん》ではないから、何《なん》でも手作《てづく》りすることはできない。けれども、すぐに買《か》わないで、一歩《いっぽ》退《ひ》いて考《かんが》える習慣《しゅうかん》をつけると、心《こころ》は安定《あんてい》する。そんな生活《せいかつ》は、やがては平和《へいわ》な世界《せかい》の実《じつ》現《げん》につながるのである。

心《こころ》ときめくもの

東京《とうきょう》から八ヶ岳南麓《やつがたけなんろく》に引《ひ》っ越《こ》したのは、二〇一三年《ねん》の九月末《がつまつ》で、段《だん》ボールがまだ部屋《へや》のあちこちに積《つ》まれている十月半《がつなか》ば、辺《あた》りが徐々《じょじょ》に色付《いろづ》いてきた。紅葉《こうよう》が始《はじ》まったのだ。日本中《にほんじゅう》、ほとんどのところで紅葉《こうよう》を見《み》ることはできるが、自然豊《しぜんゆた》かな地《ち》では、そのスケールの大《おお》きさと色彩《しきさい》の豊《ゆた》かさに目《め》を見張《みは》るものがある。八ヶ岳《やつがたけ》はまさにそうだった。都会《とかい》では、街路樹《がいろじゅ》や公園《こうえん》の紅葉《こうよう》を喜《よろこ》んでいたが、自然《しぜん》の懐《ふところ》では、自分《じぶん》を取《と》り巻《ま》くまわり一体《いったい》が次々色《つぎつぎいろ》を変《か》え、樹種《じゅしゅ》も多様《たよう》なので、長《なが》い時間紅葉《じかんこうよう》を楽《たの》しむことができる。

緑《みどり》の葉《は》が、黄色《きいろ》、赤《あか》、橙《だいだい》などの様々《さまざま》な色《いろ》のグラデーションに変化《へんか》する過程《かてい》を見《み》るのは、心《こころ》ときめくものだ。華《はな》やかな明《あか》るい暖色《だんしょく》は人間《にんげん》にとって心《こころ》を高揚《こうよう》させ、元気《げんき》にする働《はたら》きがあるという。反対《はんたい》に緑《みどり》や青《あお》は、静《しず》けさや安《やす》らぎを与《あた》える。

動物《どうぶつ》の中《なか》でも、色覚《しきかく》があるのは、人間《にんげん》とチンパンジーなどの一部《いちぶ》の哺乳動物《ほにゅうどうぶつ》だけで、他《ほか》のほとんどは、色覚《しきかく》が発達《はったつ》しておらず、モノトーンの世界《せかい》を見《み》ているそうだ。モノトーンの世界《せかい》というのは、実際《じっさい》に私《わたし》たちは経験《けいけん》することがないので想像《そうぞう》することは難《むずか》しい。

二十年《ねん》ほど前《まえ》、三宅島《みやけじま》に行《い》ったことがある。噴火《ふんか》で全島避難《ぜんとうひなん》する前《まえ》のことだ。火山島《かざんとう》である三《み》宅島《やけじま》は、一部地域《いちぶちいき》が溶岩台地《ようがんだいち》になっていて、その一帯《いったい》は黒《くろ》っぽい濃《こ》い灰色《はいいろ》が地表《ちひょう》を覆《おお》うモノトーンの世界《せかい》だった。自分《じぶん》の住《す》むところが「こんなだったら」と考《かんが》えると、怖《こわ》い気《き》がした。それは地《ち》球以外《きゅういがい》の天体《てんたい》を疑似体験《ぎじたいけん》したような感《かん》じだった。

地球《ちきゅう》は太陽系《たいようけい》の中《なか》では、唯一多《ゆいいつおお》くの生物《せいぶつ》が生息《せいそく》する緑豊《みどりゆた》かで特殊《とくしゅ》な場所《ばしょ》だ。私《わたし》たちは、生《う》まれた時《とき》からこの環境《かんきょう》の中《なか》で、様々《さまざま》なものに囲《かこ》まれて生《い》きてきた。自分《じぶん》を取《と》り巻《ま》く自然《しぜん》は、当《あ》たり前《まえ》にそこにあるものであり、美《うつく》しいと思《おも》っても、特別《とくべつ》な何《なに》かと思《おも》うことはない。ところが、荒涼《こうりょう》とした灰色《はいいろ》の世界《せかい》を経験《けいけん》すると、緑《みどり》の地球《ちきゅう》で生《い》きることが、どんなに素晴《すば》らしいかが分《わ》かる。

命溢《いのちあふ》れる地球《ちきゅう》の中《なか》でも、とりわけ自然《しぜん》の豊《ゆた》かな森《もり》で二年以上《ねんいじょう》を過《す》ごすと、私《わたし》のものの見方《みかた》、感《かん》じ方《かた》も変《か》わっていった。自然《しぜん》は毎日変化《まいにちへんか》し、決《けっ》して同《おな》じではない。特《とく》に意識《いしき》して見《み》ようと思《おも》わなくても、変化《へんか》にとんだ景色《けしき》が目《め》に入《はい》ってくる。そんなとき「美《うつく》しいなあ」あるいは「なんてきれいな」などと思《おも》う。人《ひと》に見《み》せたい風景《ふうけい》だ。そういう機会《きかい》が数多《かずおお》くあるということは、とても恵《めぐ》まれていて、有《あ》り難《がた》い。

美的感覚《びてきかんかく》というのは生《う》まれつきの才能《さいのう》のようなもので、成長《せいちょう》してからの開発《かいはつ》は難《むずか》しいと、私《わたし》は思《おも》っていた。けれども、日常的《にちじょうてき》に自然《しぜん》と身近《みぢか》に接《せっ》することで、人間《にんげん》の感性《かんせい》は開発《かいはつ》されると考《かんが》えるようになった。人間《にんげん》の美《び》を感《かん》じる心《こころ》が、外《そと》にある美《び》を捉《とら》えるのはなぜかというと、「人間《にんげん》と天地《てんち》の万物《ばんぶつ》とは、本来一体《ほんらいいったい》の命《いのち》である」からと、谷口雅春先生《たにぐちまさはるせんせい》＊は教《おし》えてくださった。

かつて人々《ひとびと》は自然《しぜん》の背後《はいご》に神《かみ》を見《み》た。現在《げんざい》のように科学技術《かがくぎじゅつ》が発達《はったつ》する以前《いぜん》、人間《にんげん》は自然《しぜん》と共《とも》に、自然《しぜん》の営《いとな》みと呼応《こおう》しながら生《い》きてきて、自然《しぜん》の偉大《いだい》な力《ちから》に畏怖《いふ》や畏敬《いけい》の念《ねん》を自《おの》ずと持《も》っていたのだろう。

現代《げんだい》の私《わたし》たちは、様々《さまざま》な技術《ぎじゅつ》を手《て》にして、自然《しぜん》を征服《せいふく》できると考《かんが》えるようになった。だから、神《かみ》は姿《すがた》を消《け》してしまった。神《かみ》などなくても、また神《かみ》を畏《おそ》れなくても、人間《にんげん》は自《みずか》らの力《ちから》で何《なん》でもできると思《おも》っているのだ。神《かみ》は死《し》んだといわれる由縁《ゆえん》である。

数日雨《すうじつあめ》が続《つづ》いた後《あと》のある朝《あさ》のことだ。私《わたし》の家《いえ》からは、南《みなみ》アルプスの甲斐駒ケ岳《かいこまがたけ》を中心《ちゅうしん》にした山《やま》の連《つら》なりが見《み》える。地表《ちひょう》は連日《れんじつ》の雨《あめ》で湿気《しっけ》を含《ふく》んでいる。空《そら》は晴《は》れていて、山頂《さんちょう》はくっきりと姿《すがた》を見《み》せているのだが、中腹《ちゅうふく》から下《した》は真《ま》っ白《しろ》な雲《くも》がたなびき、幻想的《げんそうてき》な風景《ふうけい》を見《み》せていた。

「今朝《けさ》の山《やま》、とっても神秘的《しんぴてき》よ」夫《おっと》に声《こえ》をかけた。

「僕《ぼく》も見《み》たよ」神棚《かみだな》に供《そな》える木《き》を採《と》りに庭《にわ》に出《で》た時《とき》、見《み》たという。

＊生長の家創始者

毎朝《まいあさ》同《おな》じ山《やま》を見《み》ているが、同《おな》じ風景《ふうけい》というのは決《けっ》してない。微妙《びみょう》に変化《へんか》するその一瞬一瞬《いっしゅんいっしゅん》は二度《にど》と繰《く》り返《かえ》されることはない。それは当《あ》たり前《まえ》のことであるが、私《わたし》たちの生《い》きる世界《せかい》は、この変化《へんか》し、二度《にど》と同《おな》じでない、貴重《きちょう》な一瞬一瞬《いっしゅんいっしゅん》のつながりの中《なか》にある。

日常《にちじょう》が当《あ》たり前《まえ》に何事《なにごと》もなく過《す》ぎているときには、その一瞬《いっしゅん》を捉《とら》えることが難《むずか》しい。感覚《かんかく》が鈍《にぶ》くなっていて、「ああしたい」「こうしたい」「こうあって欲《ほ》しい」などという要求《ようきゅう》、欲望《よくぼう》が心《こころ》を占《し》めていることが多《おお》いからだ。けれどもそんな時《とき》、身近《みぢか》な人《ひと》の死《し》に直面《ちょくめん》したり、病気《びょうき》になったり、思《おも》わぬ災難《さいなん》が降《ふ》りかかると、当《あ》たり前《まえ》の日常《にちじょう》の有《あ》り難《がた》さに気《き》が付《つ》く。

私《わたし》は以前《いぜん》、朝起《あさお》きた時《とき》、一日《いちにち》の予定《よてい》やその日《ひ》にしたいことを紙《かみ》に書《か》いて、おおよその目安《めやす》にすると書《か》いたことがある。自分《じぶん》がこうしたい、こう生《い》きたいと目標《もくひょう》を持《も》って生《い》きるには、そのような計画《けいかく》を立《た》てることは大切《たいせつ》だ。けれども計画《けいかく》だけにとらわれていると、心《こころ》の余裕《よゆう》が無《な》くなり、思《おも》いどおりに行《い》かないときは落《お》ち込《こ》んだり、自己否定《じこひてい》につながることがある。一日《いちにち》の内《うち》でほんの短《みじか》い時間《じかん》でも、感動《かんどう》する時間《じかん》が持《も》てたら、一瞬《いっしゅん》の価値《かち》や当《あ》たり前《まえ》の有《あ》り難《がた》さに心《こころ》を振《ふ》り向《む》けることができる。

感動《かんどう》するものを見《み》つけるのは、最初《さいしょ》は少《すこ》し努力《どりょく》がいるかもしれない。特《とく》に都会《とかい》では、空《そら》や雲《くも》があまり見《み》えないということもあり、自然《しぜん》が織《お》りなす様々《さまざま》な光景《こうけい》に目《め》が行《い》くことも少《すく》ない。そんな

特急「ワイドビューしなの」の車窓から

ことより、新《あたら》しい商品《しょうひん》や店《みせ》などに興味《きょうみ》を持《も》ち、それらが自分《じぶん》を幸《しあわ》せに豊《ゆた》かにしてくれると思《おも》いがちだ。人《ひと》の表情《ひょうじょう》の美《うつく》しさ、親切《しんせつ》などを感《かん》じる心《こころ》も、埋《うず》もれている場合《ばあい》が多《おお》い。けれどもそれらは、意識《いしき》することによって見《み》えてくる。

人間《にんげん》が感動《かんどう》し喜《よろこ》びを感《かん》じるのは、右脳《うのう》が活性化《かっせいか》して、理屈《りくつ》ではなく感覚的《かんかくてき》にものの本質《ほんしつ》を捉《とら》えた時《とき》である。パッと見《み》て、「いいなあ」「美《うつく》しいなあ」と思《おも》った時《とき》だ。そういう瞬間《しゅんかん》を大切《たいせつ》にする、あるいは見逃《みのが》さないことが、豊《ゆた》かさや幸福感《こうふくかん》につながる。

あらゆるものの本質《ほんしつ》には、神《かみ》が宿《やど》っている。神《かみ》は天上高《てんじょうたか》くいて人間《にんげん》を見張《みは》り、罰《ばつ》を与《あた》えるものではなく、すべてのものの背後《はいご》にあり、すべてを生《い》かしている神秘《しんぴ》な力《ちから》だ。だから自分《じぶん》をとりまく様々《さまざま》な事物《じぶつ》に感動《かんどう》することは、私《わたし》たちの神性《しんせい》の開発《かいはつ》につながるのである。

与《あた》える生活《せいかつ》

近頃《ちかごろ》、外食産業《がいしょくさんぎょう》の人手不足《ひとでぶそく》が深刻《しんこく》だという話《はなし》を聞《き》いた。私《わたし》が東京《とうきょう》にいた二〇一三年当時《ねんとうじ》でもすでに多《おお》くの外国人《がいこくじん》が、レストランやコンビニで働《はたら》いていた。難《むずか》しいことを言《い》わず、こだわりがなければ、食事《しょくじ》はどこでも食《た》べられすぐ手《て》に入《はい》るのが、現代社会《げんだいしゃかい》だ。

核家族化《かくかぞくか》の中《なか》、日本《にっぽん》では人口減少《じんこうげんしょう》と高齢化《こうれいか》が進《すす》み、一人暮《ひとりぐ》らしや夫婦二人《ふうふふたり》だけの世帯《せたい》が多《おお》くなった。更《さら》に結婚《けっこん》しない単身者《たんしんしゃ》の増加《ぞうか》と働《はたら》く女性《じょせい》の増大《ぞうだい》などが大《おお》きな要因《よういん》となって、食事《しょくじ》を作《つく》る時間《じかん》がない、あるいは大変《たいへん》だからという理由《りゆう》で、外食《がいしょく》に頼《たよ》ったり調理済《ちょうりず》みの総菜《そうざい》やお弁当《べんとう》などを買《か》う頻度《ひんど》が高《たか》くなるのだろう。

結婚《けっこん》しない人《ひと》の割合《わりあい》が増《ふ》えたのは、様々《さまざま》な要因《よういん》があると思《おも》うが、一人《ひとり》でも暮《く》らしやすくなったこともその一《ひと》つだ。かつての日本《にっぽん》は「男子厨房《だんしちゅうぼう》に入《はい》らず」と言《い》われ、男《おとこ》は料理《りょうり》のような些末《さまつ》なことをせず、天下国家《てんかこっか》のことを考《かんが》えるものだというような考《かんが》え方《かた》があった。男女差別《だんじょさべつ》があり、家事《かじ》などは価値《かち》の低《ひく》い仕事《しごと》だと思《おも》われていた。だからほとんどの男性《だんせい》は料理《りょうり》ができず、結婚《けっこん》しなければ生活《せいかつ》が成《な》り立《た》たず、社会的《しゃかいてき》にも認《みと》められなかった。そのため結婚《けっこん》は当然《とうぜん》のことだった。

一方《いっぽう》、女性《じょせい》は本人《ほんにん》も社会《しゃかい》も、女性《じょせい》の働《はたら》きを重要視《じゅうようし》していなかった。女性《じょせい》は結婚《けっこん》までの一時期《いちじき》、働《はたら》くものだというような考《かんが》え方《かた》が社会全般《しゃかいぜんぱん》に広《ひろ》くあった。私《わたし》がかつて勤《つと》めていた航空会社《こうくうがいしゃ》も、入社《にゅうしゃ》した当時《とうじ》は、結婚《けっこん》したら辞《や》めなくてはならない決《き》まりがあった。やがて結婚後《けっこんご》も希望《きぼう》すれば仕事《しごと》を続《つづ》けられるように変《か》わったが、それでも妊娠《にんしん》したら退職《たいしょく》することになっていた。その後《ご》、出産後《しゅっさんご》も育児休暇《いくじきゅうか》の後《あと》、職場《しょくば》に復帰《ふっき》できるように規則《きそく》が変更《へんこう》された。そのように社会制度《しゃかいせいど》が徐々《じょじょ》にではあるが大《おお》きく変《か》わってきた。

だから人々《ひとびと》の考《かんが》え方《かた》と制度《せいど》に大《おお》きく影響《えいきょう》を受《う》けて、女性《じょせい》は結婚《けっこん》し、子供《こども》を産《う》み育《そだ》てることが大切《たいせつ》な仕事《しごと》であるという意識《いしき》から、結婚後《けっこんご》あるいは出産後《しゅっさんご》も働《はたら》く女性《じょせい》が増《ふ》えてきた。結果《けっか》として、外食産業《がいしょくさんぎょう》はいよいよ活況《かっきょう》を呈《てい》しているということだ。

外食産業《がいしょくさんぎょう》の人手不足《ひとでぶそく》が深刻《しんこく》だという話《はなし》を聞《き》いて、私《わたし》の脳裏《のうり》には様々《さまざま》なことが浮《う》かんだ。まず自分《じぶん》の手《て》で食事《しょくじ》を作《つく》る人《ひと》の数《かず》あるいは作《つく》る頻度《ひんど》が減《へ》ったということだ。自分《じぶん》たちの食《しょく》を人《ひと》に委《ゆだ》ねた、あるいは譲《ゆず》り渡《わた》したと言《い》ってもいい。最初《さいしょ》に書《か》いたようにこだわりを持《も》たず、難《むずか》しいことを考《かんが》えなければ、手間《てま》が省《はぶ》けて効率《こうりつ》が良《よ》く、便利《べんり》かもしれない。

けれども材料《ざいりょう》の産地《さんち》や農薬等《のうやくなど》の使用《しよう》、食品添加物《しょくひんてんかぶつ》まで詳《くわ》しく知《し》ることは不可能《ふかのう》だから、そういう意味《いみ》でも、人《ひと》または企業《きぎょう》やグローバル化《か》した社会《しゃかい》に自分《じぶん》たちの食《しょく》を委《ゆだ》ねているといえる。

かつては家庭《かてい》でほとんどの場合《ばあい》女性《じょせい》が担当《たんとう》していた食事作《しょくじづく》りを、女性《じょせい》が働《はたら》くようになって外注《がいちゅう》が増《ふ》え、それを支《ささ》える人材《じんざい》が不足《ふそく》していて、過酷《かこく》な職場環境《しょくばかんきょう》が問題《もんだい》になっているというのも皮肉《ひにく》な話《はなし》である。保育園《ほいくえん》と保育士《ほいくし》の不足《ふそく》も元《もと》をたどれば同《おな》じである。

私《わたし》は女性《じょせい》の活躍《かつやく》を大《おお》いに歓迎《かんげい》するものである。女性《じょせい》が自分《じぶん》の持《も》てる能力《のうりょく》を発揮《はっき》して、社会《しゃかい》に貢《こう》献《けん》するのは、平和《へいわ》な世界《せかい》の実現《じつげん》のためにはぜひとも必要《ひつよう》なことだと思《おも》っている。一方《いっぽう》、人《ひと》の命《いのち》を支《ささ》える食《しょく》を大切《たいせつ》にすることはすべての基本《きほん》だ。

このような現象《げんしょう》の背景《はいけい》には、大量生産《たいりょうせいさん》、大量消費《たいりょうしょうひ》の文明《ぶんめい》、エネルギーの過剰使用《かじょうしよう》を問題《もんだい》にしない、私《わたし》たちの暮《く》らしそのものに原因《げんいん》があると思《おも》われる。この文明《ぶんめい》の中《なか》で生《い》きるためには、より多《おお》くのお金《かね》というものが必要《ひつよう》だ。「足《た》るを知《し》る」ではなく、より多《おお》く持《も》つものがより豊《ゆた》かな生活《せいかつ》ができるという考《かんが》え方《かた》だ。物質《ぶっしつ》の所有《しょゆう》を何《なに》よりも重要《じゅうよう》な問題《もんだい》にしているのである。そのお金《かね》を得《え》るために人々《ひとびと》は働《はたら》く。そして忙《いそが》しく時間《じかん》がないので、外食《がいしょく》や市販《しはん》の総菜《そうざい》、コンビニに頼《たよ》る。

物《もの》が多《おお》くある豊《ゆた》かさが享受《きょうじゅ》できたのは、化石燃料《かせきねんりょう》の大量消費《たいりょうしょうひ》と自然界《しぜんかい》から人間《にんげん》のために地球《ちきゅう》の資源《しげん》を奪《うば》い続《つづ》けたからだ。その結果《けっか》、地球《ちきゅう》を温暖化《おんだんか》させ、自然《しぜん》を破壊《はかい》し、多《おお》くの生物《せいぶつ》を絶滅《ぜつめつ》させ、気候変動《きこうへんどう》を起《お》こしている。地球《ちきゅう》の一員《いちいん》としての私《わたし》たちは、あらゆるものによって生《い》かされている存在《そんざい》だ。そのことを忘《わす》れて、自然《しぜん》から奪《うば》う生活《せいかつ》をしてきた。近年頻繁《きんねんひんぱん》に起《お》こる自然災害《しぜんさいがい》は、私《わたし》たちに警告《けいこく》を発《はっ》している。

二〇一九年《ねん》十月《がつ》に日本《にっぽん》を襲《おそ》った台風《たいふう》十九号《ごう》の被害《ひがい》は、予想《よそう》を大《おお》きく上回《うわまわ》るものだった。大量《たいりょう》に降《ふ》った雨《あめ》は川《かわ》から溢《あふ》れ出《だ》し、関東甲信越《かんとうこうしんえつ》から東北《とうほく》にかけて甚大《じんだい》な被害《ひがい》をもたらした。私《わたし》たちがまいた種《たね》は、自分《じぶん》で刈《か》り取《と》らなければならない。自分《じぶん》の責任《せきにん》は、誰《だれ》にも委《ゆだ》ねることができないのがこの世界《せかい》のルールだ。少《すこ》し勇気《ゆうき》と努力《どりょく》がいるかもしれないが、私《わたし》たちはこれまでの生活《せいかつ》を変《か》えていく必要《ひつよう》がある。そうしなければ、この地球《ちきゅう》は人間《にんげん》が安心《あんしん》して暮《く》らせる場所《ばしょ》ではなくなってしまうだろう。

物《もの》を限《かぎ》りなく集《あつ》める生活《せいかつ》、お金《かね》を追《お》いかける生活《せいかつ》、人間中心主義《にんげんちゅうしんしゅぎ》の生活《せいかつ》から一歩《いっぽ》を踏《ふ》み出《だ》して、自然《しぜん》に与《あた》え返《かえ》す生活《せいかつ》、人《ひと》やものから奪《うば》うのではなく、限《かぎ》りなく与《あた》えていく生活《せいかつ》に変《か》えていきたい。ともすれば人《ひと》は毎日《まいにち》自分《じぶん》の目的《もくてき》を中心《ちゅうしん》に、「こうしたい」「ああしたい」と考《かんが》えるものだ。そうではなく、今日《きょう》私《わたし》は人《ひと》や自然《しぜん》に対《たい》して何《なに》ができるかを考《かんが》えながら、毎日《まいにち》を過《す》ごせればと思《おも》う。

与《あた》えるというと、大量生産《たいりょうせいさん》、大量消費《たいりょうしょうひ》の古《ふる》い文明《ぶんめい》の考《かんが》え方《かた》からは、ものやお金《かね》を与《あた》えることと思《おも》うかもしれない。けれども、ものやお金《かね》ではなく、自分《じぶん》の手《て》や体《からだ》を使《つか》って与《あた》えられるものは沢《たく》

いろいろな種類の実が秋の森を彩る

山《さん》ある。笑顔《えがお》のあいさつだって与《あた》えられるものだ。人《ひと》の美点《びてん》を褒《ほ》めたり、重《おも》い荷物《にもつ》を持《も》ってあげたりもできる。

地元《じもと》の旬《しゅん》の食材《しょくざい》を使《つか》って、豪華《ごうか》ではなくとも、質《しつ》の良《よ》い経済的《けいざいてき》な食事《しょくじ》を作《つく》ることを私《わたし》は心《こころ》がけている。自分《じぶん》が作《つく》ったものだから内容《ないよう》が分《わ》かり安心《あんしん》だ。このような生活《せいかつ》に私《わたし》は喜《よろこ》びを見出《みいだ》しているが、そう思《おも》う人《ひと》は少数派《しょうすうは》のようだ。

自然界《しぜんかい》から与《あた》えられた食物《しょくもつ》や自然素材《しぜんそざい》、それらに感謝《かんしゃ》して、無駄《むだ》にすることなく大切《たいせつ》に使《つか》い、ものの命《いのち》を生《い》かして暮《く》らすことによって、自然《しぜん》の恩恵《おんけい》、有《あ》り難《がた》さを知《し》ることができる。すると人《にん》間《げん》は、自然《しぜん》を大切《たいせつ》に守《まも》り育《そだ》てることで、自分《じぶん》たちの暮《く》らしが豊《ゆた》かで潤《うるお》いに満《み》ちたものになることを理解《りかい》するから、自然《しぜん》を大切《たいせつ》にする行動《こうどう》になる。自然《しぜん》に与《あた》え返《かえ》すとは、そのような生活実感《せいかつじっかん》が伴《ともな》って初《はじ》めて可能《かのう》となる。地球温暖化《ちきゅうおんだんか》の時代《じだい》、自分《じぶん》の生活習慣《せいかつしゅうかん》を一《ひと》つでも二《ふた》つでも変《か》えていくことが喫緊《きっきん》の課題《かだい》だ。

秋のレシピ

定番の炊き込みご飯やベジミートソースも
植物性の材料だけで作れます。
ポイントは具材を油で炒めてから
調理することと、スパイスをきかせること。
りんごたっぷりの上級者向けタルトタタンも。

【きのこの炊《た》き込《こ》みご飯《はん》】

炊飯器《すいはんき》でできる手軽《てがる》な炊《た》き込《こ》みご飯《はん》。具材《ぐざい》を最初《さいしょ》に炒《いた》めておくことで、動物性《どうぶつせい》の具材《ぐざい》がなくてもうまみのある炊《た》き上《あ》がりになります。

材料（4人分）

米	2合	ぎんなん	5～6個
きのこ類		調味料	
(しめじ、えのき、まいたけ、		しょうゆ	大さじ1½
生しいたけなど)	200g	酒・みりん	各大さじ1
にんじん	5cm	塩	小さじ1
ごぼう	½本	サラダ油	大さじ1
油揚げ	½枚	三つ葉または長ねぎ	適量

作り方

1 米は洗って水気を切っておく。

2 きのこ類は石づきをとって、生しいたけは薄切り、その他は小房に分け食べやすい大きさに切る。油揚げは油抜きをしてから千切りにする。にんじんとごぼうも千切りにする。ぎんなんは殻を割り薄皮をむいて、茹でておく。

3 フライパンにサラダ油を熱し、にんじんとごぼうを炒め、しんなりしてきたらきのこ類と油揚げを加えてさらに炒める。

4 調味料を加えてひと煮立ちしたら火を止める。粗熱をとり、具材と煮汁に分けておく。

5 炊飯器の内釜に**1**の米を入れ、**4**の煮汁を加え、2合の目盛りまで水を入れる。**4**の具材とぎんなんを加え、炊飯器で炊く。

6 炊き上がったら茶碗によそい、最後に三つ葉か刻んだ長ねぎを散らす。

【ベジミートソース】

セロリやスパイスのきいた本格的《ほんかくてき》な味《あじ》わい。冷凍《れいとう》しておけば、パスタはもちろん、グラタンやピザソースなどアレンジレシピにも活躍《かつやく》します。

材料（4人分）

玉ねぎ	1個	赤ワイン	大さじ2
にんにく	1片	塩	小さじ1
セロリ（葉も含む）	½本	ローリエ	1枚
にんじん	¼本	ナツメグ	小さじ¼
生しいたけ	3枚	（あればオールスパイス・クローブ	各小さじ¼）
大豆（煮豆）	1カップ	サラダ油	大さじ2
トマトの水煮缶（またはトマトピューレ）	1カップ（½カップ）	トマトケチャップ・しょうゆ・塩	適宜
水	½カップ		

作り方

1　野菜と生しいたけはすべてみじん切りにする。大豆は食感が残る程度に粗くみじん切りにする。
2　厚手の鍋にサラダ油を熱し、にんにくと玉ねぎを10分ほど炒める。セロリ、にんじん、生しいたけを加えてさらに炒める。
3　トマトの水煮缶（またはトマトピューレ）と**1**の大豆、赤ワイン、水、塩、スパイス類を加えて、時々混ぜながら、30〜40分煮る。
4　味が薄ければ、トマトケチャップやしょうゆ、塩などで味を調える。

作り方

〈タルト生地〉

1　バターは室温に戻しておく。牛乳は凍らせておく。

2　バターに、砂糖を2～3回に分けて入れながら、ハンドミキサーで白っぽくなるまでしっかり泡立てる。

3　**2**に卵黄1個分を加えて少し泡立て、残りの卵黄と牛乳を加えて砕きながら泡立てる。

4　凍った牛乳がなくなりボールが冷たくなったら、薄力粉をふるい入れ、木べらでよく混ぜ合わせる。

5　蜜蝋ラップ（または食品用ラップ）に包んで冷蔵庫で1時間くらい冷やす。

6　3mmの厚さにのばしてセルクルで抜き、フォークで全体に穴をあけ、冷蔵庫に入れておく。

タルト生地 -2

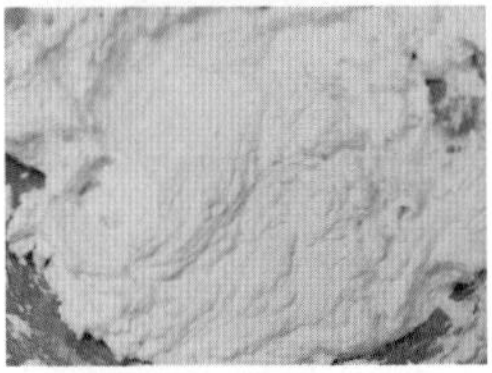

タルト生地 -3

〈フィリング〉

1　りんごは皮をむいて8等分のくし形に切る。フライパンにバターを溶かしてりんごを炒める。

2　全体にバターがまわったら砂糖と塩を加えて、中火で濃いきつね色になるまで30分ほど炒める。

3　ボールにあけ、粗熱をとる。

4　セルクルの内側にバター（分量外）を塗って砂糖（分量外）をつけ、オーブンシートを敷いた天板の上に置く。底にもバターを塗って砂糖を敷く。

5　**3**を型からはみ出さないように手で押さえながらきっちり詰める。

フィリング -2

フィリング -4

〈仕上げ〉

1　フィリングを詰めたセルクルの上に、蓋をするようにタルト生地をのせ、セルクルの縁にしっかり貼りつける。

2　180～190℃に熱したオーブンで50～60分焼き、粗熱をとる。

3　セルクルの上に皿などをのせて裏返す。はみ出したカラメルを中に戻し、そのまま冷蔵庫で冷やす。

4　完全に冷えたら、パレットナイフなどをセルクルの内側に沿わせるように入れ、型から抜く。

【タルトタタン】

手間《てま》のかかるお菓子《かし》ですが、その分《ぶん》美味《おい》しさは格別《かくべつ》。
市販《しはん》の冷凍《れいとう》パイ生地《きじ》でも十分《じゅうぶん》美味《おい》しく焼《や》き上《あ》がります。

材料（直径 18cm のセルクル）

〈タルト生地〉

バター	50g
砂糖	50g
卵黄	２個分
牛乳	20cc
薄力粉	100g

〈フィリング〉

りんご	大８個
（煮崩れしづらく甘味と酸味のバランスがとれた紅玉がお勧め）	
バター（食塩不使用）	30g
砂糖	30g
塩	少々

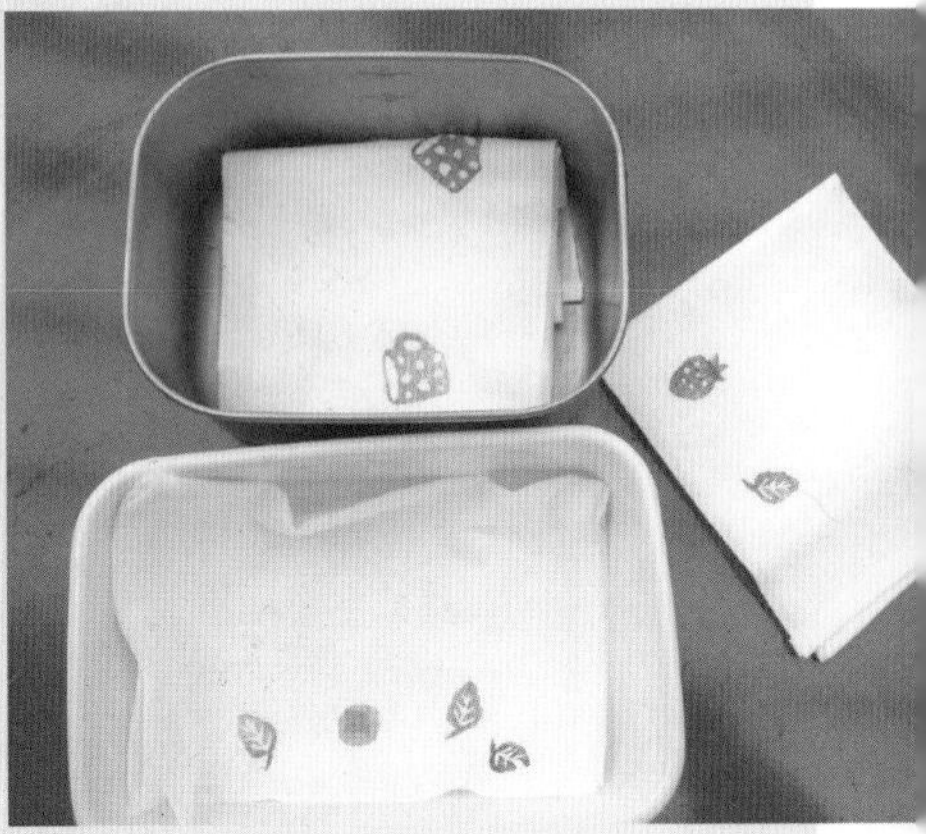

ムハンコでワンポイントのデザインを入《い》れて作《つく》りました。

この「自然《しぜん》の恵《めぐ》みフェスタ」は、2013年《ねん》からオフィスで開催《かいさい》されている他《ほか》、各地域《かくちいき》の生長《せいちょう》の家《いえ》の拠点《きょてん》でも開催《かいさい》されているイベントです。地域《ちいき》とのつながりを大切《たいせつ》にしながら、倫理的《りんりてき》な生活《せいかつ》の意義《いぎ》や喜《よろこ》びを伝《つた》えることを目的《もくてき》に、手作《てづく》りのクラフト作品《さくひん》の展《てん》示《じ》・販売《はんばい》や自転車競技《じてんしゃきょうぎ》、地産地消《ちさんちしょう》・旬産旬消《しゅんさんしゅんしょう》の食生活《しょくせいかつ》を一般《いっぱん》の方《かた》にも体験《たいけん》していただくという趣旨《しゅし》のもの。2019年《ねん》は台風《たいふう》19号《ごう》の豪雨被害《ごううひがい》を受《う》けた福島県《ふくしまけん》と長野県《ながのけん》へ救援活動《きゅうえんかつどう》に行《い》った関係《かんけい》で開《かい》催中止《さいちゅうし》となり、2020年《ねん》は新型《しんがた》コロナウイルスの影響《えいきょう》でオンラインでの開催《かいさい》に変更《へんこう》となりましたが、フェスタのおかげで、縫《ぬ》ったり、彫《ほ》ったり、押《お》したり、未知《みち》の分野《ぶんや》に挑戦《ちょうせん》し、楽《たの》しく、豊《ゆた》かな時間《じかん》を過《す》ごすことができています。

Column

手作《てづく》りの楽《たの》しみ

キッチンまわりでも、できるだけ環境負荷《かんきょうふか》の少《すく》ないものや、手作《てづく》りしたものを使《つか》うように心《こころ》がけています。例《たと》えば「鍋帽子《なべぼうし》」は、東京《とうきょう》で暮《く》らしていた頃《ころ》から自作《じさく》したものを使《つか》っています。カレーやシチューなどを作《つく》る時《とき》、または煮豆《にまめ》を作《つく》る時《とき》に保温調理《ほおんちょうり》ができ、家族《かぞく》で食《た》べる時間《じかん》が違《ちが》っても温《あたた》め直《なお》す手間《てま》が少《すく》なく省《しょう》エネにもなります。この「鍋帽子《なべぼうし》」の良《よ》さを実感《じっかん》してもらいたい、とある年《とし》のクリスマスには息子家族《むすこかぞく》にプレゼントしました。こちらに引《ひ》っ越《こ》してきてからは、贈《おく》り物《もの》も手作《てづく》りを心《こころ》がけています。年末《ねんまつ》の慌《あわただ》しい中《なか》で、特《とく》に型紙《かたがみ》を用意《ようい》して作《つく》ったわけではなかったので、よく見《み》ると不格好《ぶかっこう》な箇所《かしょ》もありましたが、手作《てづく》りのプレゼントには特別《とくべつ》な温《あたた》かさがあります。

他《ほか》にも活躍《かつやく》しているのが「水《みず》きり用《よう》ふきん」。冷蔵庫《れいぞうこ》で野菜《やさい》や果物《くだもの》を保存《ほぞん》する時《とき》、ホウロウやステンレスの容器《ようき》に入《い》れていますが、どうしても水《みず》が出《で》ます。そのため底《そこ》がザルになった容器《ようき》も売《う》られていますが、私《わたし》はふきんや手《て》ぬぐいを小《ちい》さくしたものを底《そこ》に敷《し》いています。使《つか》い捨《す》てのキッチンペーパーなどより吸水効果《きゅうすいこうか》があり、食品《しょくひん》も長持《ながも》ちします。

数年前《すうねんまえ》にはこのふきんを、“森《もり》の中《なか》のオフィス”で毎年《まいとし》10月《がつ》に開催《かいさい》される「自然《しぜん》の恵《めぐ》みフェスタ」で販売《はんばい》しようと思《おも》い、消しゴ

冬だけの幸い

2月。キッチンの勝手口から

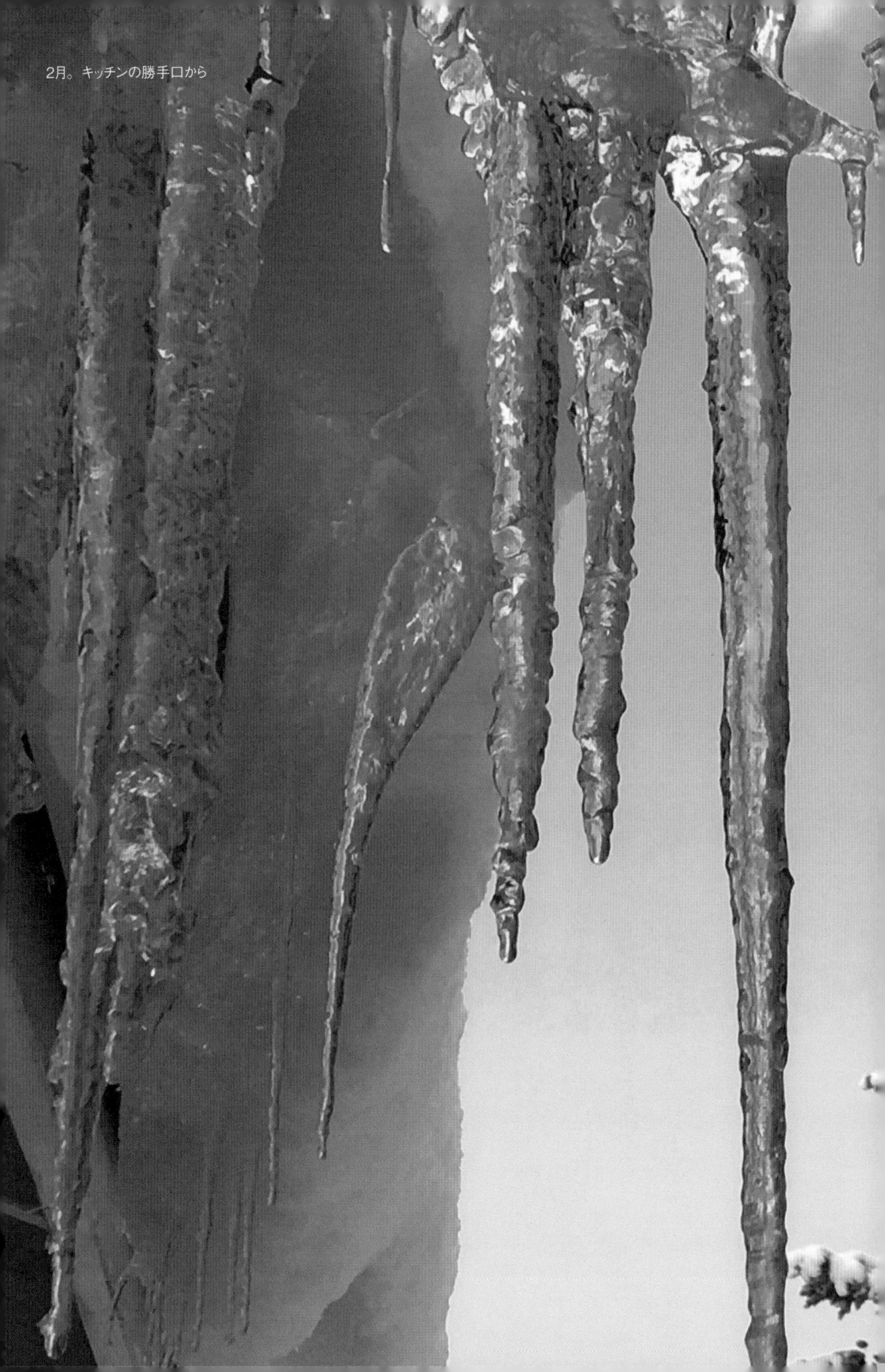

鬼《おに》グルミ

クルミを拾《ひろ》って中《なか》の実《み》を取《と》り、お菓子《かし》を作《つく》ったと人《ひと》に話《はな》したら、驚《おどろ》かれた。

「えっ、クルミって簡単《かんたん》に拾《ひろ》えるの」というのである。

私《わたし》の住《す》んでいる山梨県北杜市《やまなしけんほくとし》の八ヶ岳南麓《やつがたけなんろく》には、クルミの木《き》が沢山《たくさん》ある。特《とく》に小《ちい》さな川《かわ》や沢沿《さわぞ》いの岸周辺《きししゅうへん》でよく見《み》かける。クルミの木《き》は湿気《しっけ》を好《この》み乾燥《かんそう》を嫌《きら》うのだ。

全国的《ぜんこくてき》に分布《ぶんぷ》するが、一般《いっぱん》に出回《でまわ》っているのは、カリフォルニア産《さん》か中国産《ちゅうごくさん》で、日本産《にほんさん》のシェアはごく僅《わず》かだ。スーパーや食料品店《しょくりょうひんてん》で売《う》られているのも外国産《がいこくさん》ばかりで、日本産《にほんさん》を見《み》つけるのは至難《しなん》である。そんな状況《じょうきょう》を知《し》っている人《ひと》から見《み》れば、簡単《かんたん》にクルミを拾《ひろ》ったなどと聞《き》くと、にわかには信《しん》じられず、どこの話《はなし》かと思《おも》うかもしれない。このような状況《じょうきょう》の背景《はいけい》には、日本原産《にほんげんさん》の鬼《おに》グルミの性質《せいしつ》がある。

実《じつ》はクルミを採《と》ったのは、今回《こんかい》が初《はじ》めてではなく、以前《いぜん》にも道端《みちばた》で見《み》つけたクルミを拾《ひろ》ったことがある。買《か》うとそれなりに高価《こうか》なものが、そこら辺《へん》に沢山落《たくさんお》ちているのだから、宝《たから》を見《み》つけたようなものだ。ところが事《こと》は簡単《かんたん》ではなかった。

クルミは木《き》から落《お》ちた状態《じょうたい》の時《とき》には、銀杏《ぎんなん》と同《おな》じように緑色《みどりいろ》の外皮《がいひ》がある。それを腐《くさ》らせて取《と》り除《のぞ》き、硬《かた》い殻《から》の状態《じょうたい》にして一カ月《げつ》から一カ月半乾《げつはんかわ》かすのだ。この状態《じょうたい》で、割《わ》ろうとしても硬《かた》くて全《まった》く歯《は》が立《た》たない。金《かな》づちなどで力《ちから》を込《こ》めて叩《たた》けば割《わ》れるが、そんなことをすれば、実《み》と殻《から》が粉々《こなごな》になって、実《み》をより分《わ》けることも困難《こんなん》である。沢山《たくさん》あるクルミだが、簡単《かんたん》に実《み》を取《と》ることはできないと分《わ》かり断念《だんねん》した。

八ヶ岳《やつがたけ》に引《ひ》っ越《こ》してきて、地元《じもと》の市場《いちば》などでクルミを見《み》るようになった。硬《かた》くて閉口《へいこう》した経験《けいけん》から、最初《さいしょ》は注目《ちゅうもく》しなかった。ところが鬼《おに》グルミがきれいに割《わ》れるクルミ割《わ》り器《き》があり、「和《あ》え物《もの》を作《つく》った」「ケーキを作《つく》った」などというフェイスブックの書《か》き込《こ》みを目《め》にした。地元《じもと》のものが一番《いちばん》と思《おも》っている私《わたし》は、そんないいものがあるならばと、再《ふたた》びクルミに目《め》を向《む》けるようになった。

夫《おっと》は自転車通勤《じてんしゃつうきん》をしているが、通勤途中《つうきんとちゅう》の道《みち》にクルミの木《き》が何本《なんぼん》かある。秋《あき》にはクルミが道路《どうろ》に沢山落《たくさんお》ちる。クルミ割《わ》り器《き》の存在《そんざい》を知《し》り、夫《おっと》も毎日少《まいにちすこ》しずつ拾《ひろ》ってくるようになった。水《みず》に入《い》れておくと、緑《みどり》の外皮《がいひ》が腐《くさ》り、硬《かた》い殻《から》のクルミになる。そのクルミを網《あみ》の袋《ふくろ》に入《い》れて軒下《のきした》につるして乾《かわ》かした。割《わ》って実《み》を取《と》り出《だ》さなくてはと思《おも》いながら、年《とし》が明《あ》けてしまった。一月《がつ》になって夫《おっと》の休日《きゅうじつ》に、午後《ごご》から雪《ゆき》が深々《しんしん》と降《ふ》った日《ひ》があった。

「こんな日《ひ》は何《なに》もできないから、クルミ割《わ》りをしようか」という夫《おっと》の提案《ていあん》で、二人《ふたり》でクルミ割《わ》りをした。

　このとき自分《じぶん》たちで拾《ひろ》った鬼《おに》グルミだけでなく、長野県《ながのけん》に行《い》った時《とき》地元《じもと》の市場《いちば》で求《もと》めた大《おお》きなクルミも一緒《いっしょ》に割《わ》った。このクルミは、シナノグルミといわれ、別名《べつめい》菓子《かし》グルミとも呼《よ》ばれる。これは、アメリカから輸入《ゆにゅう》されたペルシャグルミと中国《ちゅうごく》からもたらされたテウチグルミが自然《しぜん》交《こう》雑《ざつ》してできたものだ。長野県《ながのけん》は国産《こくさん》クルミの最大《さいだい》の生産地《せいさんち》である。

　クルミを割《わ》るときには、オーブンで少《すこ》し焼《や》くといいと聞《き》いたので、助言《じょげん》に従《したが》い二種類《しゅるい》のクルミをオーブンに入《い》れた。シナノグルミはオニグルミの一・五倍《ばい》くらいの大《おお》きさである。だから小《ちい》さい鬼《おに》グルミは短《みじか》い時間《じかん》でいいと思《おも》い、先《さき》に出《だ》し、シナノグルミは二十分《ぷん》くらいオーブンで焼《や》いた。取《と》り出《だ》して見《み》ると、シナノグルミは殻《から》の割《わ》れ目《め》に隙間《すきま》ができて、簡単《かんたん》に半分《はんぶん》に割《わ》れた。

　ところが鬼《おに》グルミのほうは、まったく割《わ》れ目《め》ができず硬《かた》いのだ。大《おお》きさではなく、殻《から》の硬《かた》さで、オーブンに入《い》れる時間《じかん》を考《かんが》えなくてはいけないのだと分《わ》かった。鬼《おに》グルミをさらに十五分《ふん》くらいオーブンに入《い》れて、ようやく一部《いちぶ》のクルミに割《わ》れ目《め》ができた。シナノグルミに比《くら》べれば、格段《かくだん》に硬《かた》い。割《わ》ってみると、皮《かわ》が厚《あつ》く緻密《ちみつ》で、とてもきれいな整《ととの》った形《かたち》をしている。

自分《じぶん》でやってみないと分《わ》からないことが沢山《たくさん》あった。それは、未知《みち》の発見《はっけん》であり、この作業《さぎょう》を終《お》えた後《あと》には、ありふれたどこにでもあるただのクルミが、私《わたし》にとって近《ちか》しいものとなった。

クルミと人間《にんげん》との関係《かんけい》は古《ふる》く、紀元前《きげんぜん》七〇〇〇年頃《ねんごろ》から食《た》べられていたという。縄文時代《じょうもんじだい》の人《ひと》にとっても、重要《じゅうよう》な食料源《しょくりょうげん》だった。八ヶ岳周辺《やつがたけしゅうへん》には、縄文遺跡《じょうもんいせき》が沢山《たくさん》あるが、古《ふる》くからこの地《ち》ではクルミが人々《ひとびと》に食《た》べられていたのだ。

八ヶ岳《やつがたけ》に転居《てんきょ》して、生活《せいかつ》が変《か》わったことは色々《いろいろ》あるが、じっくり座《すわ》って手仕事《てしごと》をするようになったのも、その一《ひと》つである。環境《かんきょう》が人《ひと》を変《か》えるというが、まさにその通《とお》りだ。鬼《おに》グルミは硬《かた》く、実《み》も少《すく》ないので食用《しょくよう》には適《てき》さないと思《おも》われていた。ところが近年《きんねん》の研究《けんきゅう》によると、鬼《おに》グルミの成分《せいぶん》が他《ほか》のクルミより勝《まさ》っていることが分《わ》かり、注目《ちゅうもく》されるようになった。現代人《げんだいじん》は都合《つごう》を優先《ゆうせん》して遠《とお》ざけていたが、自然《しぜん》は豊《ゆた》かに与《あた》えてくれていたのだ。

クルミ割《わ》りの時間《じかん》を、無駄《むだ》だとか、惜《お》しいと思《おも》う人《ひと》がいるかもしれない。本当《ほんとう》に時間《じかん》に余裕《よゆう》がなく暮《く》らしている人《ひと》もいるだろう。けれども多《おお》くの人《ひと》はテレビを見《み》たり、ゲームをしたり、ショッピングを楽《たの》しんだりすることがあるだろう。そういう時間《じかん》もいいが、自然《しぜん》からの恵《めぐ》みを生《い》かすため、自分《じぶん》の手《て》を使《つか》って、面倒《めんどう》なことをしてみると、豊《ゆた》かな時《とき》を持《も》ち、自分《じぶん》の価値《かち》が上《あ》がったように思《おも》える。

何《なに》か高価《こうか》なものを手《て》に入《い》れるわけではなく、ただ自然《しぜん》の恵《めぐ》みをいただき、自分《じぶん》の心《こころ》にかなうものにするだけだ。にもかかわらず、どこにもない特別《とくべつ》な上等品《じょうとうひん》を生《う》みだしたという満足感《まんぞくかん》が得《え》られる。私《わたし》たちはそのままで多《おお》く恵《めぐ》まれ、生《い》かされている存在《そんざい》であることを、これらの活動《かつどう》は教《おし》えてくれる。たとえ工業製品《こうぎょうせいひん》でも、私《わたし》たちの周《まわ》りにあるものはすべて自然《しぜん》からの恵《めぐ》みである。手《て》作《づく》り品《ひん》を作《つく》ることは、商品経済《しょうひんけいざい》にどっぷりつかっている現代人《げんだいじん》にとって、考《かんが》え方《かた》に風穴《かざあな》を開《あ》け、ものの見方《みかた》を変《か》えるきっかけになるだろう。

鬼《おに》グルミでクルミマフィンを作《つく》ったが、素朴《そぼく》で味《あじ》わい深《ぶか》かった。長《なが》い工程《こうてい》が浮《う》かぶからだ。あまりにも物《もの》が豊《ゆた》かにあり、便利《べんり》な社会《しゃかい》になったので、その価値《かち》を忘《わす》れているが、「自分《じぶん》で作《つく》る」古《ふる》くて新《あたら》しい活動《かつどう》は、楽《たの》しく奥深《おくぶか》く、人格《じんかく》を豊《ゆた》かにする。

豊《ゆた》かさとは？

何時《いつ》の頃《ころ》からだろう。自然派《しぜんは》の雑誌《ざっし》が書店《しょてん》の棚《たな》に並《なら》ぶようになり、菜食《さいしょく》や手作《てづく》りがしきりに取《と》り上《あ》げられるようになったのは、確《たし》かな記憶《きおく》はないが、多分世紀《たぶんせいき》が変《か》わる前後《ぜんご》だった。冷戦《れいせん》が終《しゅう》結《けつ》し、民族主義《みんぞくしゅぎ》が台頭《たいとう》してきた当時《とうじ》、地球環境《ちきゅうかんきょう》の悪化《あっか》や温暖化《おんだんか》が見過《みす》ごせない状況《じょうきょう》になってきたことと関係《かんけい》していると思《おも》われる。

私《わたし》の場合《ばあい》、料理《りょうり》の手作《てづく》りは、結婚以来心《けっこんいらいこころ》を尽《つ》くしてきたが、それ以外《いがい》の手作《てづく》りは、子供《こども》が成長《せいちょう》してからは、ほとんどすることがなかった。料理《りょうり》は短時間《たんじかん》で完結《かんけつ》するが、手芸《しゅげい》や編《あ》み物《もの》などの手《て》作《づく》り品《ひん》は時間《じかん》と手間《てま》がかかるから作《つく》ることはなかった。特《とく》に必要《ひつよう》に迫《せま》られなかったからでもある。

ところが二〇一三年《ねん》の秋《あき》に山梨県《やまなしけん》の八ヶ岳南麓《やつがたけなんろく》に引《ひ》っ越《こ》しをしてから、状況《じょうきょう》が変《か》わった。きっかけは、生長《せいちょう》の家《いえ》の〝森《もり》の中《なか》のオフィス〟で、プレゼント交換《こうかん》のイベントが計画《けいかく》されたからだ。年《とし》の瀬《せ》に、職員同士《しょくいんどうし》の感謝《かんしゃ》のしるしをプレゼントに託《たく》そうという趣旨《しゅし》の催《もよお》しである。プレゼントは手作《てづく》り品《ひん》という条件《じょうけん》があり、一人一個《ひとりいっこ》ずつ持《も》ち寄《よ》ったプレゼントを、参加者《さんかしゃ》はくじを引《ひ》いて、一《ひと》つもらえるのである。

手作《てづく》り品《ひん》から遠《とお》ざかっていた私《わたし》は、途方《とほう》に暮《く》れた。人《ひと》に上《あ》げるものなど作《つく》れないと思《おも》ったし、それまでプレゼントは買《か》うものと思《おも》っていたからだ。中学生《ちゅうがくせい》や高校生《こうこうせい》の頃《ころ》、毛糸《けいと》のマフラーや靴《くつ》下《した》を編《あ》んだことがあった。子供《こども》が小学生《しょうがくせい》の時《とき》は、学校《がっこう》に持《も》っていくカバンや手提《てさ》げ、食卓《しょくたく》で使《つか》うランチョンマットなども作《つく》った。けれどもそれらは素人作品《しろうとさくひん》で、人様《ひとさま》に差《さ》し上《あ》げられるようなものではない。

そんな私《わたし》だったから、プレゼント用《よう》の手作《てづく》り品《ひん》を作《つく》るのは大《おお》いにためらいがあった。自由参加《じゆうさんか》だから止《や》めてもよかったが、新《あたら》しい試《こころ》みの楽《たの》しそうな会《かい》には興味《きょうみ》を持《も》った。心《こころ》を込《こ》めて作《つく》れば、たとえ出来栄《できば》えに難《なん》があったとしても、赦《ゆる》されるのではないかと思《おも》い、参加《さんか》することにした。

当日《とうじつ》、集《あつ》まった手作《てづく》り品《ひん》は、仕事《しごと》では分《わ》からないそれぞれの人《ひと》の得意《とくい》な分野《ぶんや》が生《い》かされていた。どんな手作《てづく》り品《ひん》が当《あ》たるのかとワクワクし、とても有意義《ゆういぎ》で楽《たの》しい催《もよお》しとなった。その後毎年《ごまいとし》、暮《く》れの恒例行事《こうれいぎょうじ》になっている。

大量生産《たいりょうせいさん》、大量消費《たいりょうしょうひ》の文化《ぶんか》が世界《せかい》を覆《おお》ったが、現在《げんざい》は一部《いちぶ》ではあるものの手作《てづく》りが見直《みなお》されている。自分《じぶん》で好《す》きな布《ぬの》や糸《いと》、材料《ざいりょう》などを選《えら》び、物《もの》を作《つく》ることは、手《て》がある人間《にんげん》にとって本性《ほんせい》の満足《まんぞく》になる。下手《へた》でも自分《じぶん》で作《つく》ったものには特別《とくべつ》に愛着《あいちゃく》が湧《わ》くものだ。

人《ひと》が手《て》を使《つか》って作《つく》ることを「手仕事《てしごと》」という。それらは大量生産《たいりょうせいさん》の機械《きかい》で作《つく》られたものとは、価値《かち》が違《ちが》うと人間《にんげん》は思《おも》うのだ。機械《きかい》が発明《はつめい》されて、同《おな》じ品質《ひんしつ》のものが一度《いちど》に沢山《たくさん》できるようになり、それが人類《じんるい》の進歩《しんぽ》であると喜《よろこ》んだ同《おな》じ人間《にんげん》が、手作《てづく》りに価値《かち》を認《みと》めるのである。矛盾《むじゅん》しているといえばそうだが、「手作《てづく》り品《ひん》」には、機械《きかい》で作《つく》ったものにはない温《あたた》か味《み》や、個性《こせい》というものがあり、人《ひと》の心《こころ》を惹《ひ》きつけるのだろう。その上《うえ》、制作過程《せいさくかてい》での時間《じかん》や労力《ろうりょく》の大《おお》きさも伝《つた》わるから、良《よ》い作品《さくひん》に触《ふ》れると人《ひと》は前向《まえむ》きになる。

先日《せんじつ》テレビで、北欧《ほくおう》の手作《てづく》り文化《ぶんか》が紹介《しょうかい》されていた。一年《ねん》の半分近《はんぶんちか》くが氷《こおり》で閉《と》ざされる長《なが》くて寒《さむ》く暗《くら》い北欧《ほくおう》の冬《ふゆ》は、家《いえ》に閉《と》じこもることが多《おお》い。女性《じょせい》たちは、レース編《あ》みや刺繍《ししゅう》のテーブルクロス、壁飾《かべかざ》りや民俗衣装《みんぞくいしょう》などを作《つく》る。太陽《たいよう》が顔《かお》を出《だ》す時間《じかん》が短《みじか》いので、暗《くら》さを吹《ふ》き飛《と》ばすようにパッと明《あか》るくなる鮮《あざ》やかな色合《いろあ》いのものが多《おお》かった。室内《しつない》での暮《く》らしを心地良《ここちよ》く、楽《たの》しくするための工夫《くふう》が込《こ》められているのだろう。

日本《にっぽん》にも雪国《ゆきぐに》の女性《じょせい》の冬《ふゆ》の手仕事《てしごと》には、素晴《すば》らしいものがある。青森《あおもり》に行《い》った時《とき》、津軽《つがる》のこぎん刺《さ》しの小物《こもの》をいただいたことがある。美《うつく》しい模様《もよう》で、糸《いと》が丁寧《ていねい》に重《かさ》ねられているこぎん刺《さ》しのことは以前《いぜん》から知《し》っていたが、由来《ゆらい》を調《しら》べて、こんな歴史《れきし》があったのかと驚《おどろ》いた。暮《く》らしに根付《ねづ》いて拡《ひろ》がり、今日《こんにち》まで伝《つた》わってきたのである。

江戸《えど》の享保年間《きょうほうねんかん》、「農家倹約分限令《のうかけんやくぶんげんれい》」が出《だ》され、農民《のうみん》の仕事着《しごとぎ》、普段着《ふだんぎ》に木綿《もめん》を使《つか》うことが禁《きん》止《し》され、紺色《こんいろ》の麻《あさ》の着物《きもの》を着衣《ちゃくい》として用《もち》いていたそうだ。麻《あさ》は通気性《つうきせい》が良《よ》いから、夏《なつ》のものである。津軽《つがる》の厳《きび》しい冬《ふゆ》を麻《あさ》の着物《きもの》で越《こ》すことは大変厳《たいへんきび》しい。寒冷《かんれい》な津軽《つがる》では木綿《もめん》が栽培《さいばい》できず高価《こうか》だったこともあったが、やがて木綿糸《もめんいと》が手《て》に入《はい》るようになった。すると女性《じょせい》たちは、麻《あさ》の着物《きもの》のうえから木綿糸《もめんいと》で刺繍《ししゅう》をすることで布地《ぬのじ》の目《め》を埋《う》め、暖《あたた》かさを保《たも》てるように工夫《くふう》を凝《こ》らした。背《せ》中《なか》にかごを背負《せお》うので着物《きもの》の肩《かた》の部分《ぶぶん》も擦《す》り切《き》れやすい。肩《かた》に刺繍《ししゅう》を施《ほどこ》して、強度《きょうど》を増《ま》すこともした。それらは特色《とくしょく》のある模様《もよう》を生《う》み出《だ》し、芸術作品《げいじゅつさくひん》のような美《うつく》しさである。

生活《せいかつ》の中《なか》から生《う》まれたこぎん刺《さ》しであるが、見《み》た目《め》の美《うつく》しさを考《かんが》えて、一針《ひとはり》、一針縫《ひとはりぬ》い進《すす》められていった。生活《せいかつ》の厳《きび》しさを乗《の》り越《こ》えようとした工夫《くふう》の中《なか》から、このようなものを生《う》み出《だ》す人間《にんげん》の力《ちから》に、尊敬《そんけい》の思《おも》いが湧《わ》いてくる。昭和初期《しょうわしょき》には、民芸運動《みんげいうんどう》を率《ひき》いた柳宗悦《やなぎむねよし》が、こぎん刺《さ》しの着《き》物《もの》の美《うつく》しさを高《たか》く評価《ひょうか》したそうだ。

「衣食足《いしょくた》りて礼節《れいせつ》を知《し》る」という言葉《ことば》がある。生活《せいかつ》が豊《ゆた》かになって初《はじ》めて、道徳心《どうとくしん》が高《たか》まって礼《れい》儀《ぎ》を知《し》るようになるという意味《いみ》だが、こぎん刺《さ》しの場合《ばあい》は少《すこ》し違《ちが》うようだ。東北青森《とうほくあおもり》の津軽地方《つがるちほう》は雪《ゆき》も深《ふか》く、冬《ふゆ》の寒《さむ》さは尋常《じんじょう》ではない。そのような地方《ちほう》で、麻《あさ》しか許《ゆる》されないというのは死活問《しかつもん》題《だい》である。それでも、足《た》りない暮《く》らしの中《なか》、麻地《あさじ》のすき間《ま》を埋《う》めて暖《あたた》かく過《す》ごせるようにした女《じょ》性《せい》の力《ちから》は偉大《いだい》である。

世界中《せかいじゅう》には様々《さまざま》な手仕事《てしごと》の作品《さくひん》があるが、人間《にんげん》の中《なか》にある秩序性《ちつじょせい》が現《あらわ》れて、多種多様《たしゅたよう》なデザインが生《う》まれている。人《ひと》が手《て》で作《つく》ったものには、全《まった》く同《おな》じものは一《ひと》つもない。また、どんな作品《さくひん》にもその人《ひと》の個性《こせい》が現《あらわ》れていて、人《ひと》と比《くら》べられない価値《かち》がある。足《た》りない暮《く》らしの中《なか》から、工夫《くふう》を凝《こ》らして優《すぐ》れた作品《さくひん》を作《つく》り出《だ》した、先人《せんじん》の生《い》き方《かた》に学《まな》びたい。

社会《しゃかい》が豊《ゆた》かになり、何《なん》でも手《て》に入《はい》る時代《じだい》であるが、時《とき》には手作《てづく》りクラフトに挑戦《ちょうせん》することで、本当《ほんとう》の豊《ゆた》かさとはなんだろうと考《かんが》えるきっかけになるのではないかと思《おも》う。ものを作《つく》る喜《よろこ》びと共《とも》に、生活《せいかつ》に新《あたら》しい視点《してん》が生《う》まれるだろう。

雪《ゆき》のある暮《く》らし

二〇一八年《ねん》のお正月《しょうがつ》は雪《ゆき》がなく、これは二年続《ねんつづ》けてのことだった。山梨県《やまなしけん》の八ヶ岳南麓《やつがたけなんろく》に引《ひ》っ越《こ》しをして五年目《ねんめ》になっていたが、最初《さいしょ》の三年間《ねんかん》は十一月末《がつまつ》から十二月初旬《がつしょじゅん》に雪《ゆき》が降《ふ》りだし、お正月《しょうがつ》は雪《ゆき》の中《なか》だった。雪《ゆき》の中《なか》での暮《く》らしを経験《けいけん》すると、どんなに寒《さむ》くても雪《ゆき》がないのは、とても楽《らく》で過《す》ごしやすいと感《かん》じる。そんな年末年始《ねんまつねんし》だったので、その年《とし》も雪《ゆき》の少《すく》ない冬《ふゆ》になるのではとひそかに期待《きたい》したが、山地《さんち》の冬《ふゆ》はそういうわけにはいかなかった。

大寒《だいかん》の頃遅《ころおそ》い初雪《はつゆき》となり、三十センチくらい積《つ》もった。その後《あと》も一週間《いっしゅうかん》おきくらいに雪《ゆき》が降《ふ》り、解《と》けては積《つ》もり、解《と》けては積《つ》もることを繰《く》り返《かえ》した。

私《わたし》は普段《ふだん》、時間《じかん》を作《つく》って家《いえ》の近《ちか》くを一時間《じかん》くらい、歩《ある》くことにしている。色々《いろいろ》な予定《よてい》があるので、実際《じっさい》に歩《ある》けるのは週《しゅう》の半分《はんぶん》くらいだ。そんな中《なか》で、以前《いぜん》は雪《ゆき》が降《ふ》ると歩《ある》くのを止《や》めていた。雪《ゆき》が数《すう》十センチも積《つ》もった中《なか》では、無理《むり》だと思《おも》っていたからだ。初雪《はつゆき》が降《ふ》って一週間《しゅうかん》くらいたった頃《ころ》、歩《ある》いて出勤《しゅっきん》する夫《おっと》を玄関《げんかん》で見送《みおく》った時《とき》、「どうして歩《ある》かないの？」と、聞《き》かれた。大寒《だいかん》の頃《ころ》までは雪《ゆき》がなかったため以前《いぜん》にもまして、まじめに歩《ある》いていたからだ。

「だって雪《ゆき》の中《なか》は滑《すべ》ったりして怖《こわ》いでしょ」

　こう言《い》う私《わたし》に夫《おっと》は、

「雪《ゆき》の中《なか》の森《もり》はきれいだよ。気持《きもち》も晴《は》れ晴《ば》れするよ」

と、言《い》うのだった。「歩《ある》くように」とは言《い》わないで、雪《ゆき》の中《なか》の良《よ》さを夫《おっと》は強調《きょうちょう》した。夫《おっと》の言葉《ことば》に触発《しょくはつ》され、少《すこ》し不安《ふあん》はあったが運動不足《うんどうぶそく》も気《き》になっていたので、その日《ひ》、夫《おっと》の出《で》かけた後《あと》で、私《わたし》も雪《ゆき》の中《なか》に繰《く》り出《だ》した。

　外《そと》はマイナス五、六度《ど》なので、ダウンジャケットを着《き》て、襟巻《えりまき》をグルグル巻《ま》きにし、両手《りょうて》には厚《あつ》い手袋《てぶくろ》にストックという出《い》で立《た》ちだ。雪《ゆき》の中《なか》をそんな恰好《かっこう》で歩《ある》くのは初《はじ》めてだったので緊張《きんちょう》した。日中《にっちゅう》に解《と》けた雪《ゆき》が夜間《やかん》の冷《ひ》え込《こ》みで凍《こお》って、地面《じめん》がつるつるになっているところも多《おお》い。油断《ゆだん》すると、すぐに転《ころ》んでしまう。雪《ゆき》のない時《とき》のように周《まわ》りの景色《けしき》をゆっくり眺《なが》めて、楽《たの》しむ余裕《よゆう》はない。地面《じめん》をしっかり見《み》て、凍《こお》っているところを歩《ある》かないように細心《さいしん》の注意《ちゅうい》を払《はら》う。

　雪《ゆき》の森《もり》の中《なか》はほとんど人《ひと》も車《くるま》も通《とお》らない。たまに犬《いぬ》の散歩《さんぽ》の人《ひと》や、郵便局《ゆうびんきょく》の車《くるま》が通《とお》るくらいだ。いつもはバイクの郵便配達《ゆうびんはいたつ》も、雪《ゆき》が降《ふ》ると車《くるま》になる。日《ひ》によっては、誰《だれ》にも会《あ》わない時《とき》もある。

真《ま》っ白《しろ》な雪《ゆき》に覆《おお》われた森《もり》の中《なか》、私一人《わたしひとり》の世界《せかい》である。瞑想《めいそう》をするような思《おも》いで、歩《ある》くことができる。

引《ひ》っ越《こ》して最初《さいしょ》の頃《ころ》は雪《ゆき》が降《ふ》ると、自由《じゆう》に出《で》かけられないことが大《おお》きな障害《しょうがい》に思《おも》われた。降《ふ》り始《はじ》めの雪《ゆき》は美《うつく》しく、雪景色《ゆきげしき》は幻想的《げんそうてき》な世界《せかい》を現《あら》わしてくれる。けれどもそのあとは、雪《ゆき》かきや道路《どうろ》の凍結《とうけつ》に悩《なや》まされる。「真夏《まなつ》のような日《ひ》が一日《にち》あれば、この雪《ゆき》は解《と》けるのに」と、そんな不可能《ふかのう》なことを夢想《むそう》することがよくあった。五年目《ねんめ》になり、雪《ゆき》のある生活《せいかつ》にもある程度《ていど》慣《な》れてきていた。そしてこの年初《としはじ》めて、雪《ゆき》の中《なか》を毎日歩《まいにちある》くようになり、私《わたし》の心《こころ》に新《あら》たな思《おも》いが生《う》まれた。

あたり一面真《いちめんま》っ白《しろ》な雪《ゆき》の中《なか》にいて、これが雪《ゆき》の中《なか》の暮《く》らしなのだと思《おも》った。冬《ふゆ》は良《よ》く晴《は》れた快晴《かいせい》の日《ひ》が多《おお》い。氷点下《ひょうてんか》の気温《きおん》の日《ひ》もあり、空気《くうき》がピーンと張《は》りつめて空《そら》は形容《けいよう》しがたいほど、深《ふか》く澄《す》み切《き》った青《あお》である。その中《なか》に身《み》を置《お》くだけで、幸《しあわ》せな気持《きもち》になる。

人間《にんげん》が除雪車《じょせつしゃ》を使《つか》い雪《ゆき》かきをするところは、ごく一部《いちぶ》である。生活《せいかつ》に必要《ひつよう》な道路《どうろ》の確保《かくほ》のために欠《か》かせないが、それ以外《いがい》の広大《こうだい》な土地《とち》の雪《ゆき》は、人間《にんげん》の力《ちから》ではどうすることもできない。自然《しぜん》とはそういうもので、春《はる》が来《く》れば雪《ゆき》は解《と》ける。そんな当《あ》たり前《まえ》のことを、すんなりと認《みと》め、受《う》け入《い》れる素直《すなお》な気持《きもち》が生《う》まれたのだ。

雪《ゆき》のある暮《く》らしに慣《な》れたと思《おも》っていたが、雪《ゆき》が降《ふ》ることを経験《けいけん》しただけだ。以前《いぜん》は、心《こころ》の奥《おく》で

山道を抜け、舗装道路に出たところ

「困《こま》ったなあ、何《なん》とかならないか、早《はや》く解《と》けて欲《ほ》しい」といつも思《おも》っていた。どんな大雪《おおゆき》になっても、雪《ゆき》のない普段《ふだん》の生活《せいかつ》に近《ちか》づけようとしていた。現実《げんじつ》には普段《ふだん》と同《おな》じ生活《せいかつ》などできないにもかかわらず、雪《ゆき》を拒否《きょひ》する気持《きもち》があった。

この地球《ちきゅう》に生《い》きるには、雪《ゆき》や大雨《おおあめ》、台風《たいふう》などの嵐《あらし》、地震《じしん》などがあるのは当《あ》たり前《まえ》で、人間《にんげん》の力《ちから》でそれらを無《な》きものにすることはできない。都会《とかい》暮《ぐ》らしの長《なが》かった私《わたし》は、知識《ちしき》としてはそのことを知《し》っていた。けれども、インフラが整備《せいび》され、自然《しぜん》との距離《きょり》がある都会《とかい》では、自然《しぜん》と向《む》き合《あ》わなくても暮《く》らしが成《な》り立《た》つ。

人間中心主義《にんげんちゅうしんしゅぎ》ともいえる、自分《じぶん》たちの都合《つごう》を優先《ゆうせん》して自然《しぜん》を利用《りよう》する生《い》き方《かた》を人類《じんるい》はしてきた。それは私《わたし》も同《おな》じである。人間《にんげん》の心《こころ》は強《つよ》い習慣性《しゅうかんせい》があるから、長《なが》い間《あいだ》につくられた自然《しぜん》に対《たい》する考《かんが》え方《かた》は、東京《とうきょう》から山梨《やまなし》の森《もり》の中《なか》に引《ひ》っ越《こ》したからといって、すぐに変《か》わるものではない。頭《あたま》で知識《ちしき》として分《わ》かっていることと、心《こころ》の底《そこ》から納得《なっとく》することの間《あいだ》には、距離《きょり》がある。その距離《きょり》は、少《すこ》し困難《こんなん》と思《おも》える自然《しぜん》との触《ふ》れ合《あ》いの中《なか》で埋《う》められることを経験《けいけん》した。それは共《とも》に困難《こんなん》を乗《の》り越《こ》えた家族《かぞく》や仲間同士《なかまどうし》の結束《けっそく》が強《つよ》くなることに、似《に》ているかもしれない。

自然《しぜん》をどう見《み》るかというのは人《ひと》それぞれで、それまでの生活《せいかつ》で自然《しぜん》とどのように触《ふ》れ合《あ》ってきたかも大《おお》きく影響《えいきょう》する。また、雪一《ゆきひと》つをとっても、雪国《ゆきぐに》の人《ひと》と南国《なんごく》の人《ひと》とでは、雪《ゆき》に対《たい》する思《おも》いは違《ちが》う。雪深《ゆきぶか》い地域《ちいき》の人《ひと》は覚悟《かくご》して冬《ふゆ》を迎《むか》えるのだろう。人間《にんげん》の自由《じゆう》にならない自然《しぜん》との生活《せいかつ》は、人間《にんげん》を我慢強《がまんづよ》くし、雪《ゆき》で閉《と》じ込《こ》められる生活《せいかつ》の中《なか》の楽《たの》しみをつくり出《だ》すことも上手《じょうず》だ。世界有数《せかいゆうすう》の豪雪地帯《ごうせつちたい》である新潟《にいがた》の雪《ゆき》の暮《く》らしを表《あら》わした『北越雪譜《ほくえつせっぷ》』（鈴木牧之著《すずきぼくしちょ》）は、江戸末期《えどまっき》の作品《さくひん》で雪国《ゆきぐに》の人々《ひとびと》の暮《く》らしの哀歓《あいかん》が記《しる》されている。人々《ひとびと》の助《たす》け合《あ》いや、人《ひと》を思《おも》いやる気持《きもち》が感《かん》じられて、ささやかなエピソードに心《こころ》が和《なご》む内容《ないよう》だ。私《わたし》は冬《ふゆ》になると書棚《しょだな》から取《と》り出《だ》して読《よ》みたくなり、共感《きょうかん》するのである。

南国《なんごく》に住《す》む友人《ゆうじん》と電話《でんわ》で、「今《いま》、雪《ゆき》が降《ふ》っている」と話《はな》したことがあった。彼女《かのじょ》は「暖《あたた》かい部屋《へや》で、紅茶《こうちゃ》を飲《の》んで音楽《おんがく》を聴《き》いたら素敵《すてき》そう」と言《い》ったので、笑《わら》ってしまった。雪《ゆき》にあこがれる人《ひと》の気持《きもち》がよく表《あら》われていて、私《わたし》もかつてそうだったと感慨《かんがい》にふける。雪《ゆき》は人間《にんげん》に様々《さまざま》なことを思《おも》わせる。

明《あか》るく軽《かろ》やかに

失敗《しっぱい》の経験《けいけん》のない人《ひと》はいないと思《おも》う。人生《じんせい》に失敗《しっぱい》はつきものだ。完璧《かんぺき》な人《ひと》というのがいないように、失敗《しっぱい》をしないということもない。けれども誰《だれ》もが失敗《しっぱい》をしたくないと思《おも》う。失敗《しっぱい》をした時《とき》の敗北感《はいぼくかん》や、自信喪失《じしんそうしつ》、人《ひと》から見《み》くびられたり、気《き》の毒《どく》と同情《どうじょう》されたりするといった諸々《もろもろ》の事柄《ことがら》が連想《れんそう》され、できることならそんな経験《けいけん》はしたくないと思《おも》うものだ。だから重要《じゅうよう》なのは、失敗《しっぱい》した時《とき》の心《こころ》のあり方《かた》で、どのように失敗《しっぱい》を受《う》け止《と》めるかがとても大切《たいせつ》である。

「失敗《しっぱい》は成功《せいこう》のもと」という言葉《ことば》があるように、失敗《しっぱい》は実《じつ》は成功《せいこう》への道《みち》しるべなのだという先人《せんじん》の示唆《しさ》がある。長《なが》い人生《じんせい》を歩《あゆ》んできて様々《さまざま》な経験《けいけん》をし、一度《いちど》ならず失敗《しっぱい》を経験《けいけん》した人《ひと》が、自分《じぶん》の人生《じんせい》を振《ふ》り返《かえ》って、そのように思《おも》うのだろう。私自身《わたしじしん》のこれまでの人生《じんせい》でも、小《ちい》さな失敗《しっぱい》から心《こころ》の大《おお》きな痛手《いたで》となる失敗《しっぱい》まで経験《けいけん》した。けれどもあまり嫌《いや》な思《おも》い出《で》として残《のこ》っていないのは、楽《らっ》観的《かんてき》な性格《せいかく》だからかもしれない。物事《ものごと》が上手《うま》くいかなかった経験《けいけん》を後《あと》から考《かんが》えると、あの失敗《しっぱい》のおかげで自分《じぶん》を謙虚《けんきょ》に見《み》つめ、執着《しゅうちゃく》や傲慢《ごうまん》な心《こころ》があったことを反省《はんせい》する良《よ》い機会《きかい》であったと思《おも》えることがある。失敗《しっぱい》は向上《こうじょう》のチャンスであり、一歩前進《いっぽぜんしん》するための最高《さいこう》の経験《けいけん》であるのだ。

けれどもある程度《ていど》の時間《じかん》がたった後《あと》だから、そのように冷静《れいせい》な目《め》で客観的《きゃっかんてき》に考《かんが》えることができるともいえる。失敗《しっぱい》が心《こころ》の大《おお》きな痛手《いたで》となって、自信《じしん》を無《な》くしている時《とき》は、なかなか前向《まえむ》きに物《もの》事《ごと》を考《かんが》えることができない。そんな時《とき》、ずるずると心《こころ》の深《ふか》い闇《やみ》に沈《しず》んでいかない工夫《くふう》や努力《どりょく》がとても大切《たいせつ》だ。

心《こころ》のメンテナンスを怠《おこた》っていると、その時々《ときどき》の気分《きぶん》に流《なが》されて堂々巡《どうどうめぐ》りをして、気《き》が付《つ》くと同《おな》じことを繰《く》り返《かえ》し考《かんが》えている自分《じぶん》を見出《みいだ》すこともある。心《こころ》で強《つよ》い拒否反応《きょひはんのう》を覚《おぼ》え、嫌《いや》だと思《おも》い何《なん》とか避《さ》けたいと思《おも》えば思《おも》うほど、心《こころ》から離《はな》れないのだ。この心《こころ》の転換《てんかん》に、数日《すうじつ》あるいは極端《きょくたん》な場《ば》合《あい》には一カ月《げつ》や、さらに長《なが》い時間《じかん》を要《よう》する場合《ばあい》もある。「時薬《ときぐすり》」という言葉《ことば》があるように、嫌《いや》な思《おも》い出《で》は徐々《じょじょ》に薄《うす》らいでいき、他《ほか》の物事《ものごと》に興味《きょうみ》の対象《たいしょう》が変《か》わっていくのが大方《おおかた》だ。

けれどもなかなか心《こころ》の痛手《いたで》から抜《ぬ》け出《だ》せない場合《ばあい》には、心《こころ》を許《ゆる》せる身近《みぢか》な人《ひと》や友人《ゆうじん》に自分《じぶん》の気《き》持《もち》を話《はな》すのも一《ひと》つの方法《ほうほう》である。心《こころ》にため込《こ》んでいたものを話《はな》すことによって、重荷《おもに》から解放《かいほう》される効果《こうか》がある。また、明《あか》るい内容《ないよう》の楽《たの》しい映画《えいが》を観《み》たり、小説《しょうせつ》を読《よ》むことも、閉《と》じ込《こ》めていた思《おも》いを解《と》き放《はな》つ助《たす》けになる。電車《でんしゃ》やバスに乗《の》って近《ちか》くに半日旅行《はんにちりょこう》をしたり、自然《しぜん》の中《なか》に身《み》を置《お》くことも気分転換《きぶんてんかん》の一《ひと》つの方法《ほうほう》である。「何《なん》とかなるさ」と思《おも》えたり、また挑戦《ちょうせん》しようという前向《まえむ》きな明《あか》るい気持《きもち》が持《も》てる。

いずれにしても、自分《じぶん》で意識《いしき》して心《こころ》の状態《じょうたい》を変《か》えることが大切《たいせつ》で、根本的《こんぽんてき》には、人生《じんせい》に悪《わる》いことは絶対《ぜったい》に起《お》こらないと信《しん》じることだ。一見最悪《いっけんさいあく》の状態《じょうたい》と思《おも》えるようなことでも、本当《ほんとう》は飛躍《ひやく》のチャンスである。ただそのように思《おも》えないのは、自分自身《じぶんじしん》の中《なか》にこだわりや執着《しゅうちゃく》があるからだ。たとえば、「どうしてもこうでなければ」あるいは「この方法《ほうほう》しか、この道《みち》しかない」ということにとらわれた考《かんが》え方《かた》である。自由《じゆう》な気持《きもち》になることが大切《たいせつ》で、そのためには自分《じぶん》の狭《せま》い殻《から》に閉《と》じこもらず、広《ひろ》く世界《せかい》を見《み》ることも大《おお》いなる助《たす》けになる。世界《せかい》は広《ひろ》く色々《いろいろ》な人《ひと》がいることや、自分《じぶん》と同《おな》じ、あるいはもっと大変《たいへん》な状況《じょうきょう》でも、懸命《けんめい》に生《い》きている人《ひと》がいると知《し》ることは、心《こころ》の視点《してん》を変《か》えてくれる。

少《すこ》し堅《かた》い話《はなし》になってしまったが、毎日《まいにち》の生活《せいかつ》で小《ちい》さな失敗《しっぱい》というのは常《つね》にある。中《なか》でも新《あたら》しいことを始《はじ》めた場合《ばあい》には、失敗《しっぱい》はつきものだ。私《わたし》が住《す》んでいるところは、山梨県《やまなしけん》の八ヶ岳南麓《やつがたけなんろく》で、十二月頃《がつごろ》から三月《がつ》までは、早朝《そうちょう》や深夜《しんや》は氷点下《ひょうてんか》の気温《きおん》になる。二〇一八年《ねん》も十二月半《がつなか》ば頃《ころ》から、朝《あさ》の外気温《がいきおん》がマイナス七、八度《ど》という日《ひ》があった。年《とし》が明《あ》けてお正月休《しょうがつやす》みも終《お》わり、夫《おっと》は自転車《じてんしゃ》でいつものように通勤《つうきん》を始《はじ》めた。数日後《すうじつご》、私《わたし》に「これ見《み》て」と、スマートフォンで撮《と》った写真《しゃしん》を見《み》せてくれた。大小《だいしょう》さまざまな氷《こおり》のリースが写《うつ》っている。

近《ちか》くのキープ協会《きょうかい》が運営《うんえい》している自然教育《しぜんきょういく》と宿泊施設《しゅくはくしせつ》のある清泉寮《せいせんりょう》の庭《にわ》に、飾《かざ》ってあったという。丸《まる》い輪《わ》っかの中《なか》にきれいな花《はな》や葉《は》っぱ、木《き》の実《み》などを入《い》れて、凍《こお》らせたものだ。それらが敷地内《しきちない》の木《き》の枝《えだ》にかけてある。殺風景《さっぷうけい》な冬《ふゆ》の庭《にわ》が、急《きゅう》に華《はな》やかな雰囲気《ふんいき》になる。けれども氷《こおり》だから、暖《あたた》かくなれば、溶《と》けてしまい影《かげ》も形《かたち》もなくなる。夫《おっと》はこの発想《はっそう》がとても気《き》に入《い》ったようで、

「寒《さむ》くならなければできないというこのアート、楽《たの》しいね」とうれしそうだ。

我《わ》が家《や》でもさっそく真似《まね》して作《つく》ることにした。ケーキ型《がた》を使《つか》い、花《はな》や葉《は》っぱと水《みず》を入《い》れ、外《そと》に置《お》いた。水《みず》を沢山《たくさん》入《い》れると花《はな》などが浮《う》いてしまうので、少《すく》なめにしてまずは固定《こてい》させる。固《かた》まったところで次《つぎ》の水《みず》を入《い》れることにした。翌朝《よくあさ》上手《うま》くできたと思《おも》い、型《かた》から出《だ》したら、まだ中心部《ちゅうしんぶ》が固《かた》まっておらず、水《みず》が漏《も》れだした。急《いそ》ぎ過《す》ぎたのと、気温《きおん》が比較的高《ひかくてきたか》かったので上手《うま》く凍《こお》らなかったようだ。残念《ざんねん》だったが最初《さいしょ》の失敗《しっぱい》から学《まな》び、次《つぎ》は急《いそ》がずゆっくり水《みず》も徐々《じょじょ》に足《た》していった。中《なか》までしっかり凍《こお》っていることを確認《かくにん》して、庭《にわ》の木《き》にかけてみた。濃《こ》いピンクの花《はな》と緑《みどり》の葉《は》っぱのコントラストが鮮《あざ》やかで、冬枯《ふゆが》れの庭《にわ》の素敵《すてき》なアクセントになった。花《はな》や葉《は》っぱの入《い》れ方《かた》には、まだ工夫《くふう》がいる。

ちょうどその日《ひ》は、日中《にっちゅう》もあまり気温《きおん》が上《あ》がらず、夕方《ゆうがた》になってもそのままだった。二日目《ふつかめ》の

朝《あさ》もリースがあることを確認《かくにん》して満足《まんぞく》した。その日《ひ》私《わたし》は打《う》ち合《あ》わせがあり出《で》かけた。夕方《ゆうがた》帰《かえ》ってきてリースはあるかと見《み》ると、そこには何《なに》もなかった。木《き》の下《した》に花《はな》が落《お》ちているだけで、拍子抜《ひょうしぬ》けした感《かん》じだが、氷《こおり》なのだから気温《きおん》が上《あ》がれば溶《と》けるのは当然《とうぜん》である。その潔《いさぎよ》さがまた気持《きもち》よかった。寒《さむ》い間《あいだ》は何度《なんど》でもまた作《つく》ればいいと思《おも》えば気《き》が楽《らく》だ。

人生《じんせい》の失敗《しっぱい》もこんなもので、またやり直《なお》せばいいと考《かんが》えれば、いつでも始《はじ》められ、楽《たの》しめる。

これが明《あか》るく軽《かろ》やかな生活《せいかつ》の秘訣《ひけつ》である。

ケーキの型で作った氷のリース

冬のレシピ

寒い冬は体の芯から温まるお料理を。
豆乳味噌ラーメンは、長ねぎと
しょうがさえあれば、あとは冷蔵庫に
あるお好みのお野菜でOK。
キムチは漬物器があると便利です。

【豆乳《とうにゅう》味噌《みそ》ラーメン】

動物性《どうぶつせい》のだしを使《つか》わなくても、豆乳《とうにゅう》とごま油《あぶら》のこくで満足感《まんぞくかん》のある美味《おい》しいラーメンに。

お野菜《やさい》もたっぷりとれ、寒《さむ》い冬《ふゆ》にぴったりの一杯《いっぱい》です。

材料（2人分）

中華麺…………………… 2玉
長ねぎ…………………… 大さじ3
好みの野菜やきのこ
（キャベツやにんじん、白菜、えのき、
ほうれん草など）…… 200g
（お好みで練り物やホタテや
いかなどの海鮮を加えても）
しょうが ……………… 1片
サラダ油……………… 大さじ1

すりごま ……………… 大さじ2
ごま油・おろししょうが… 各適量
スープ
　だし汁 ……………… 2½カップ
　豆乳………………… 1カップ
　みそ・しょうゆ …… 各大さじ2
　みりん・酒 ………… 各大さじ1
　塩・こしょう ……… 各適量

作り方

1 長ねぎとしょうがはみじん切りにして、その他の野菜ときのこは食べやすい大きさに切る。ほうれん草は茹でて一口大に切る。
2 鍋にサラダ油を熱し、弱めの中火で長ねぎとしょうがをしんなりするまでよく炒める。
3 その他の野菜ときのこを加えて軽く炒める。スープの材料を加え、野菜が柔らかくなるまで煮る。
4 野菜が柔らかくなったらほうれん草を入れ、味をみて塩・こしょうで味を調える。
5 麺を茹でて丼に入れて、**4** のスープをかける。最後にごま油とすりごま、おろししょうがをトッピングする。お好みで長ねぎの小口切りを散らす。

【キムチ】

ピリッと辛《から》みのきいた手《て》づくりキムチ。
辛《から》いのが苦手《にがて》な方《かた》は、赤《あか》とうがらしの分量《ぶんりょう》を半分以下《はんぶんいか》におさえると食《た》べやすいです。

材料（作りやすい分量）

白菜	500g	いかの塩辛	80g
大根	100g	塩昆布	10g
にんじん	30g	ナンプラー	大さじ1
ニラ	¼束	赤とうがらし・パプリカ（パウダー）	各大さじ2
しょうが・にんにく	各1片	塩	大さじ½
りんご	¼個		
ご飯	大さじ2		

作り方

1 白菜は芯と葉の部分に分け、芯は3cm幅、葉は5cm幅に切る。白菜に塩をまぶし保存容器に入れ一晩おく。

2 大根、にんじん、しょうがは千切りにする。ニラは長さ5cmに切る。りんごは皮のまますり下ろし、にんにくもすり下ろす。ご飯は潰す。

3 **1**の白菜の水気をしっかりと絞り、その他の材料と一緒に混ぜ合わせて保存容器に入れる。皿などで重石をして、冷蔵庫で保存する。

4 2日目以降が食べ頃。冷蔵庫で2週間ほど保存可能。

【くるみクッキー】

ざくっとした食感《しょっかん》と香《こう》ばしい味《あじ》わいがくせになるクッキー。
くるみ拾《ひろ》いからスタートすると、なお味《あじ》わい深《ぶか》い冬《ふゆ》のお菓子《かし》に。

材料（直径 3cm で 30 枚）

くるみ	50g
バター	100g
全粒粉	90g
薄力粉	90g
砂糖	60g
卵	1個
バニラオイル	少々

作り方

1. フードプロセッサーに全粒粉、薄力粉、砂糖、カットしたバターを入れて混ぜる。
2. バターの塊がなくなったら卵、バニラオイルを加えてさらに混ぜる。
3. くるみを加えて少し混ぜ、直径3cm の棒状にして蜜蝋ラップ（または食品用ラップ）に包み、冷凍庫で一晩冷やし固める。
4. 1cm にカットして、180℃に熱したオーブンで 16 分焼く。

される思《おも》いです。

味噌《みそ》の仕込《しこ》みは、東京《とうきょう》にいた頃《ころ》から続《つづ》けています。手作《てづく》りの味《み》噌《そ》は、なんともいえない美味《おい》しさがあります。難《むずか》しそうに思《おも》うかもしれませんが、案外簡単《あんがいかんたん》に作《つく》れます。大豆《だいず》1キロとこうじ1キロが基本《きほん》。2～3キロくらいの味噌《みそ》が出来上《できあ》がります。夫婦二人《ふうふふたり》で、半年分《はんとしぶん》くらいの量《りょう》です。

【手前みそ】

材料

大豆…… 1kg、こうじ…… 1kg、塩…… 500g

作り方

1 大豆は一昼夜水につけ、指でタテに押して潰せるくらいに柔らかく煮る。
2 煮汁と分けて、大豆はすり鉢などで熱いうちに潰す。
3 こうじをぱらぱらにし、塩と合わせる。この時、塩を1割ほど残しておく。
4 **2** の大豆と **3** を温かいうちによく混ぜる。固い時は **2** の煮汁を少しずつ加え、ひとつにまとまる固さに調整する。
5 みその容器は清潔なふきんなどに焼酎を染み込ませてふいて消毒する。
6 **4** を両手で空気を抜くようににぎりみそ玉を作り、**5** の容器に叩きつけるようにきっちりと詰める。表面を平らにして **3** で残しておいた塩をふる。（この時、酒粕で表面をおおうとカビが生えづらい。）
7 焼酎で消毒した和紙で、空気が入らないようにぴっちりとおおう。
8 和紙か新聞紙をかけ、ひもできっちりしばる。暗くて風通しの良いところで保管する。（あれば2kg くらいの重石を乗せてもよい。）
9 梅雨明けに手を入れて上下を返す。約半年から食べられるが、食べ頃は1年後くらい。

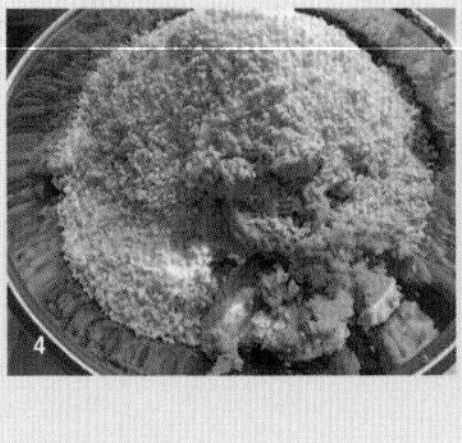
4

7

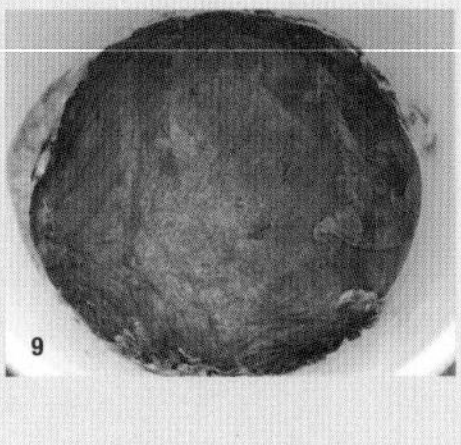
9

Column

冬《ふゆ》の季節仕事《きせつしごと》

11月《がつ》に入《はい》ると、あっという間《ま》に日《ひ》が短《みじか》くなり長《なが》い冬《ふゆ》が始《はじ》まります。地産地消《ちさんちしょう》・旬産旬消《しゅんさんしゅんしょう》を心《こころ》がけた食生活《しょくせいかつ》を実践《じっせん》していると冬場《ふゆば》は食材《しょくざい》のバリエーションがぐっと減《へ》ります。私《わたし》が暮《く》らす山《やま》梨県北杜市《なしけんほくとし》は冬季《とうき》の自短営業《じたんえいぎょう》や休業《きゅうぎょう》が始《はじ》まるお店《みせ》も多《おお》く、特《とく》に工夫《くふう》が必要《ひつよう》な季節《きせつ》です。そんな中《なか》でも、冬《ふゆ》ならではの季節仕事《きせつしごと》の楽《たの》しみもあります。私《わたし》の場合《ばあい》は、くるみ割《わ》りに干《ほ》し柿《がき》、切《き》り干《ぼ》し大根《だいこん》、味噌《みそ》の仕込《しこ》みです。

干《ほ》し柿《がき》は、引《ひ》っ越《こ》して2年目《ねんめ》くらいから始《はじ》めましたが、今《いま》では夫《おっと》の冬《ふゆ》の楽《たの》しみになりました。切《き》り干《ぼ》し大根《だいこん》も同《おな》じ頃《ころ》から作《つく》り始《はじ》めました。最初《さいしょ》は可食部《かしょくぶ》を千切《せんぎ》りにして干《ほ》していましたが、ある時何《ときなに》かで、皮《かわ》を干《ほ》すことを目《め》にし、以来《いらい》、冬場《ふゆば》に大根料理《だいこんりょうり》を作《つく》る時《とき》は、厚《あつ》めに皮《かわ》をむいて7ミリくらいの太《ふと》さの切《き》り干《ぼ》し大根《だいこん》を作《つく》っています。自分《じぶん》たちの手《て》で保存食《ほぞんしょく》を作《つく》り、それがいただけるというのは、自立《じりつ》した、豊《ゆた》かな生活《せいかつ》を営《いとな》んでいるようで、心満《こころみ》た

つながる世界

心《こころ》の声《こえ》

この世界《せかい》には、今日《きょう》の食事《しょくじ》をまともに食《た》べられない人《ひと》がいる。それは、今《いま》に始《はじ》まったことではなく、人類《じんるい》の歴史《れきし》の中《なか》でずっと続《つづ》いてきたことだ。冷害《れいがい》や旱魃《かんばつ》で作物《さくもつ》が育《そだ》たなかったり、嵐《あらし》や地《じ》震《しん》などの自然災害《しぜんさいがい》で、作物《さくもつ》に被害《ひがい》が及《およ》んだりし、その時代《じだい》の人間《にんげん》の数《かず》に対《たい》して、十分《じゅうぶん》な量《りょう》の食糧《しょくりょう》がなかったことが主《おも》な原因《げんいん》だ。もちろん戦争《せんそう》などの人災《じんさい》もある。

科学《かがく》の進歩《しんぽ》と技術革新《ぎじゅつかくしん》で、第二次世界大戦後《だいにじせかいたいせんご》は大量《たいりょう》の食糧《しょくりょう》生産《せいさん》が可能《かのう》となった。現在《げんざい》の世界《せかい》では、地球上《ちきゅうじょう》で生《い》きる人間《にんげん》を養《やしな》うだけの食糧《しょくりょう》が生産《せいさん》できる。ところがここに厄介《やっかい》な問題《もんだい》が生《しょう》じている。人間《にんげん》の主食《しゅしょく》である穀物《こくもつ》を、穀物《こくもつ》が主食《しゅしょく》ではない動物《どうぶつ》に与《あた》えて肥育《ひいく》し、その動物《どうぶつ》の肉《にく》を人間《にんげん》が食《た》べることだ。その結果《けっか》、人間用《にんげんよう》の穀物《こくもつ》が不足《ふそく》し、市場原理《しじょうげんり》で穀物価格《こくもつかかく》の上昇《じょうしょう》を来《きた》している。貧《まず》しい人《ひと》たちが穀物《こくもつ》を買《か》うことができず、飢餓《きが》の問題《もんだい》が一層深刻化《いっそうしんこくか》している。

通信技術《つうしんぎじゅつ》の発達《はったつ》によって、あらゆる情報《じょうほう》が、世界《せかい》を駆《か》けまわるようになった。中《なか》には偽物《にせもの》の情《じょう》報《ほう》も多《おお》い。だから簡単《かんたん》に情報《じょうほう》を信《しん》じ、振《ふ》り回《まわ》されることは避《さ》けたいが、広《ひろ》い目《め》で世界《せかい》の現状《げんじょう》を知ることは大切《たいせつ》だ。国際化《こくさいか》が進《すす》んだ現在《げんざい》では、一人一人《ひとりひとり》の生活《せいかつ》は、世界中《せかいじゅう》の人《ひと》とつながり、誰《だれ》しもが名《な》も知《し》らない地球上《ちきゅうじょう》の多《おお》くの人《ひと》の恩恵《おんけい》によって生《い》かされている。遠《とお》い他国《たこく》の人《ひと》で、自分《じぶん》に関係《かんけい》していないと思《おも》う人《ひと》も、広《ひろ》い意味《いみ》で何《なん》らかの関係《かんけい》があり、お隣《となり》の人《ひと》と変《か》わりないという共通《きょうつう》の考《かんが》え方《かた》を持《も》つ必要《ひつよう》があるのではないかと思《おも》う。

人類《じんるい》の数《かず》は、二〇三〇年《ねん》には八十六億人《おくにん》になるといわれている。今《いま》のままの生活《せいかつ》を先進諸国《せんしんしょこく》の人《ひと》が続《つづ》ければ、地球温暖化《ちきゅうおんだんか》による気候変動《きこうへんどう》と食糧危機《しょくりょうきき》で、世界《せかい》はテロや紛争《ふんそう》、やがては戦争《せんそう》への道《みち》を進《すす》んでいくことになる。持続可能《じぞくかのう》な社会《しゃかい》の実現《じつげん》など夢物語《ゆめものがたり》になっていくだろう。ずいぶん悲観的《ひかんてき》なことを言《い》うと思《おも》われるかもしれない。けれども私《わたし》が現実《げんじつ》に日々《ひび》接《せっ》する日本社会《にほんしゃかい》を見《み》ると、多量《たりょう》の肉食《にくしょく》が世界《せかい》の平和《へいわ》を脅《おびや》かすことに言及《げんきゅう》する人《ひと》が、あまりにも少《すく》ない。肉《にく》は美味《おい》しいから、健康《けんこう》に良《よ》いから、人間《にんげん》の欲望《よくぼう》を満足《まんぞく》させてくれるから、目《め》をつぶろうと思《おも》っているのか。

人《ひと》の食事《しょくじ》について、口出《くちだ》しすることは余計《よけい》なお世話《せわ》だろうか。肉《にく》を食《た》べないと健康《けんこう》を損《そこ》なうとか体力《たいりょく》がつかないと思《おも》っている人《ひと》もいる。また肉《にく》なし料理《りょうり》は味気《あじけ》なく満足《まんぞく》できないと思《おも》う人《ひと》もいる。けれどもそれは、料理《りょうり》というものをよく知《し》らない人《ひと》だ。肉《にく》を使《つか》わなくても、十分《じゅうぶん》に満足《まんぞく》できる食事《しょくじ》はできる。また肉食《にくしょく》よりも、野菜《やさい》や魚中心《さかなちゅうしん》の食事《しょくじ》の方《ほう》が健康《けんこう》にもよいことは今《いま》では広《ひろ》く知《し》られるようになった。この考《かんが》えは運動選手《うんどうせんしゅ》の間《あいだ》にも広《ひろ》がり、ベジタリアンになる人《ひと》も多《おお》い。

現代《げんだい》の食肉生産《しょくにくせいさん》の現場《げんば》がどのようになっているか、また多量《たりょう》の肉《にく》の消費《しょうひ》が、社会《しゃかい》にどのような影響《えいきょう》を及《およ》ぼしているかの正《ただ》しい情報《じょうほう》を知《し》る必要《ひつよう》がある。多《おお》くの人《ひと》は、自分《じぶん》の行動《こうどう》が人《ひと》を犠牲《ぎせい》にし、苦《くる》しめることなど望《のぞ》んでいないのが本心《ほんしん》だ。できれば人《ひと》の役《やく》に立《た》ちたい、人《ひと》を助《たす》けたいと思《おも》っている。肉食《にくしょく》が人《ひと》から食料《しょくりょう》を奪《うば》い、環境《かんきょう》を破壊《はかい》し、地球温暖化《ちきゅうおんだんか》による気候変動《きこうへんどう》の大《おお》きな原因《げんいん》になっていると知《し》れば、自分《じぶん》の食生活《しょくせいかつ》を少《すこ》しでも変《か》えようと思《おも》う人《ひと》は、沢山《たくさん》いるに違《ちが》いない。正《ただ》しい本《ほん》当《とう》の情報《じょうほう》を多《おお》くの人《ひと》が知《し》るようになればと思《おも》う。

肉食《にくしょく》を禁《きん》じるのは、仏教《ぶっきょう》の伝統《でんとう》である。けれども現代《げんだい》では、宗教《しゅうきょう》の教《おし》えはもとより、平和《へいわ》な世《せ》界《かい》の実現《じつげん》には必須《ひっす》の切実《せつじつ》な問題《もんだい》である。自分《じぶん》の好《この》みを犠牲《ぎせい》にしてまで、肉食《にくしょく》を控《ひか》えるのは、人間《にんげん》から自由《じゆう》を奪《うば》う蛮行《ばんこう》だと思《おも》う人《ひと》がいるかもしれない。美味《おい》しい肉《にく》が目《め》の前《まえ》に沢山《たくさん》あるのに、それを止《や》めるのは資源《しげん》を無駄《むだ》にすると感《かん》じる場合《ばあい》もあるだろう。けれども、問題《もんだい》はもっと深《ふか》いところにある。

私《わたし》も肉《にく》を食《た》べなくなって十数年《すうねん》になる。仕事《しごと》でホテルに泊《と》まった時《とき》など、食事《しょくじ》に肉《にく》を使《つか》わないように注文《ちゅうもん》をすると、「苦手《にがて》でいらっしゃいますか」「アレルギーですか」などと聞《き》かれることがある。「いえ、アレルギーでも、苦手《にがて》でもありませんが、頂《いただ》かないだけです」と答《こた》える。少《すこ》しぶっきらぼうで愛想《あいそ》のない答《こた》えかもしれない。けれども、アレルギーや好《す》き嫌《きら》い以外《いがい》の理由《りゆう》で、肉食《にくしょく》をしない人《ひと》もいることを知《し》って欲《ほ》しいと思《おも》うからだ。かつて肉食《にくしょく》が忌避《きひ》された日本《にっぽん》であるが、現在《げんざい》では肉《にく》を食《た》べないことが特殊《とくしゅ》な人《ひと》という風《ふう》に扱《あつか》われることは、世界《せかい》の潮流《ちょうりゅう》からはずいぶん取《と》り残《のこ》されているという印象《いんしょう》を持《も》つ。

戦争《せんそう》のない世界《せかい》を誰《だれ》もが心《こころ》から願《ねが》っているだろう。また子供《こども》や孫《まご》たちを含《ふく》む未来《みらい》の世代《せだい》の人《ひと》たちが、飢《う》えに苦《くる》しむことなく、平和《へいわ》な世界《せかい》に暮《く》らせるように自分《じぶん》たちのできることをしたいと思《おも》っている。一人《ひとり》の人間《にんげん》ができることは本当《ほんとう》にささやかで、広大《こうだい》な砂漠《さばく》の一粒《ひとつぶ》の砂《すな》や大海《たいかい》の一滴《いってき》に思《おも》え、何《なん》の足《た》しにもならないと考《かんが》えるかもしれない。それでも、災害《さいがい》や戦争《せんそう》などで苦《くる》しむ人《ひと》のことを知《し》ると、何《なに》か支援《しえん》の手《て》を差《さ》し伸《の》べたいと願《ねが》う。義援金《ぎえんきん》を送《おく》ったり、ボランティアに駆《か》け付《つ》けたりして、人々《ひとびと》の善意《ぜんい》は様々《さまざま》なところで発揮《はっき》される。

肉食《にくしょく》を控《ひか》えるというのも、それと同《おな》じように考《かんが》えれば、見方《みかた》が変《か》わってくるのではないかと思《おも》う。自由《じゆう》を奪《うば》われるのではなく、自分《じぶん》の意志《いし》で世界《せかい》の平和《へいわ》に積極的《せっきょくてき》に貢献《こうけん》することだからだ。

ある会社《かいしゃ》では、昼食代《ちゅうしょくだい》の一部《いちぶ》を飢餓救済《きがきゅうさい》の募金《ぼきん》にしているという。生長《せいちょう》の家《いえ》でも、月《つき》に一度《いちど》一汁一飯《いちじゅういっぱん》の日《ひ》を設《もう》け、飢餓《きが》に苦《くる》しむ人《ひと》たちに思《おも》いを寄《よ》せ、少《すこ》しの食事《しょくじ》でもよく味《あじ》わい、感謝《かんしゃ》することをしている。その日《ひ》の食事代《しょくじだい》は、募金《ぼきん》に回《まわ》される。こんなささやかなことでも、沢山《たくさん》の人《ひと》が実行《じっこう》すれば影響力《えいきょうりょく》を持《も》ち、大《おお》きな広《ひろ》がりとなって世界《せかい》を変《か》える力《ちから》になる。世界《せかい》を変《か》えるのは一人《ひとり》のヒーローではなく、私《わたし》たち一人一人《ひとりひとり》の善意《ぜんい》であり、日々《ひび》の生活《せいかつ》の積《つ》み重《かさ》ねだ。

欲望《よくぼう》の満足《まんぞく》ではなく、内面《ないめん》の良心《りょうしん》のささやきに従《したが》った時《とき》、心《こころ》が晴《は》れ晴《ば》れと明《あか》るくなり、生《い》きがいを感《かん》じるのは、人間《にんげん》の本質《ほんしつ》に愛《あい》があるからだ。流行《りゅうこう》や常識《じょうしき》の力《ちから》は強《つよ》いが、本心《ほんしん》の声《こえ》に耳《みみ》を傾《かたむ》ける努力《どりょく》の中《なか》から、本当《ほんとう》の自由《じゆう》な世界《せかい》が開《ひら》けてくる。若者《わかもの》にこそ、そのような生《い》き方《かた》をしてもらいたい。

“森の中のオフィス”の食堂で月に一度設けている「一汁一飯の日」に提供される昼食

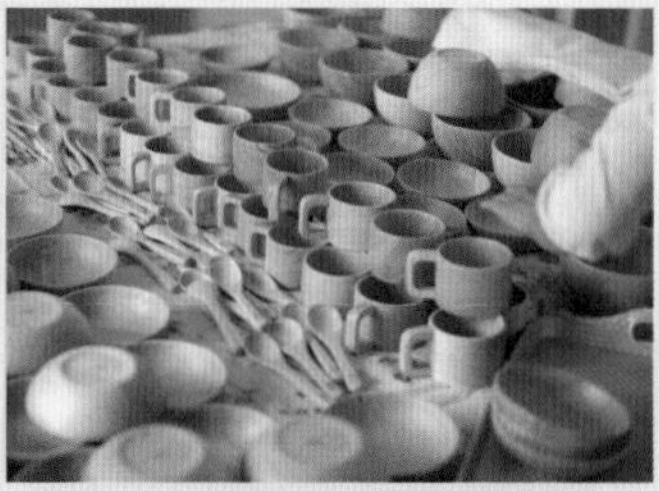

ができる食堂《しょくどう》です。調理《ちょうり》は、長坂《ながさか》寮《りょう》に住《す》む職員《しょくいん》の奥様方《おくさまがた》を中心《ちゅうしん》に、ボランティアでしていただいています。毎回《まいかい》、主《おも》に地元《じもと》の食材《しょくざい》を使《つか》って、季節感溢《きせつかんあふ》れる楽《たの》しい食事《しょくじ》が作《つく》られています。小《ち》さいお子《こ》さんもいるので、食器《しょっき》は割《わ》れにくい山梨県産《やまなしけんさん》の木《き》で作《つく》られた食器《しょっき》を購入《こうにゅう》することに。それに合《あ》わせる木《き》のお箸置《はしお》きは、職員《しょくいん》の有志《ゆうし》による手作《てづく》りです。

宗教団体《しゅうきょうだんたい》の職員寮《しょくいんりょう》で開《ひら》かれるので、当初《とうしょ》は「参加《さんか》すると勧誘《かんゆう》されるのでは」とか、「特別《とくべつ》なものを出《だ》されるのか」など、偏見《へんけん》もありましたが、普通《ふつう》と変《か》わらないことを分《わ》かってもらうために、気長《きなが》にコツコツと始《はじ》めた「長坂子《ながさかこ》ども食堂《しょくどう》」。回《かい》を重《かさ》ねるごとに、取《と》り組《く》みに賛同《さんどう》してくれた地元《じもと》のパン屋《や》さんや農家《のうか》さんが無料《むりょう》でパンやお米《こめ》を提供《ていきょう》くださるようになりました。職員《しょくいん》以外《いがい》の外部《がいぶ》のお子《こ》さんが参加《さんか》してくださることもあります。

新型《しんがた》コロナウイルス感染症《かんせんしょう》の蔓延《まんえん》に伴《ともな》い2020年《ねん》3月《がつ》からは開《かい》催《さい》が中止《ちゅうし》されていますが、食堂《しょくどう》を再開《さいかい》できる日《ひ》がきたら、ますます皆《みな》さんに喜《よろこ》ばれ、地域《ちいき》のお役《やく》に立《た》つ食堂《しょくどう》に成長《せいちょう》していってくれることを願《ねが》っています。

Column

「長坂子《ながさかこ》ども食堂《しょくどう》」

2015年《ねん》1月《がつ》から、生長《せいちょう》の家《いえ》の職員寮《しょくいんりょう》がある長坂寮《ながさかりょう》の集会所《しゅうかいじょ》で、毎月第《まいつきだい》3日曜日《にちようび》に「長坂子《ながさかこ》ども食堂《しょくどう》」を開《ひら》いています。

現在《げんざい》の子供《こども》を取《と》り巻《ま》く環境《かんきょう》は、必《かなら》ずしも良好《りょうこう》なものではありません。特《とく》に日本《にっぽん》における子供《こども》の貧困《ひんこん》の問題《もんだい》は深刻《しんこく》です。日本《にっぽん》の子《こ》供《ども》の7人《にん》に1人《ひとり》、率《りつ》にすると13.5%が貧困状態《ひんこんじょうたい》です。一人親家《ひとりおやか》庭《てい》に限《かぎ》ると、その率《りつ》は48.1%にもなります。

このような状況《じょうきょう》の中《なか》、子供《こども》たちの食《しょく》のセーフティーネットの一《いち》助《じょ》になればとの思《おも》いから、この食堂《しょくどう》は開《ひら》かれました。「孤食《こしょく》」や「個食《こしょく》」、コンビニ弁当《べんとう》が当《あ》たり前《まえ》と思《おも》っている子供《こども》たちに、地元《じもと》の季節《きせつ》の素材《そざい》で手作《てづく》りされた食事《しょくじ》の美味《おい》しさ、皆《みな》で食事《しょくじ》することの楽《たの》しさも味《あじ》わってもらえればと考《かんが》えています。また地域《ちいき》のつながりのお役《やく》に立《た》つ食堂《しょくどう》であればという欲張《よくば》りな希望《きぼう》もあります。

対象《たいしょう》は小学生《しょうがくせい》から高校生《こうこうせい》で、誰《だれ》でも無料《むりょう》で昼食《ちゅうしょく》を食《た》べること

たとえ世界が混乱しても

コロナが教《おし》えること

二〇二〇年《ねん》のゴールデンウイークは、新型《しんがた》コロナウイルスの感染防止《かんせんぼうし》のために緊急事態宣言《きんきゅうじたいせんげん》が全国《ぜんこく》に発出《はっしゅつ》された。そのため多《おお》くの人《ひと》が家《いえ》にこもり、例年《れいねん》にない静《しず》かな大型連休《おおがたれんきゅう》となった。私《わたし》の住《す》んでいる山梨県北杜市《やまなしけんほくとし》は、毎年《まいとし》ゴールデンウイークの頃《ころ》ともなれば車《くるま》の渋滞《じゅうたい》が起《お》き、レストランはどこも列《れつ》を作《つく》るほどの盛況《せいきょう》ぶりで、地元住民《じもとじゅうみん》としては家《いえ》で過《す》ごすのが一番《いちばん》と決《き》めていた。ところが今年《ことし》は休業《きゅうぎょう》の飲食店《いんしょくてん》が多《おお》く、人通《ひとどお》りや車《くるま》の往来《おうらい》も少《すく》なく、町《まち》は眠《ねむ》っているように様変《さまが》わりした。

そんな周囲《しゅうい》の状況《じょうきょう》ではあったが、この季節《きせつ》は山菜《さんさい》の最盛期《さいせいき》である。幸《さいわ》い山菜《さんさい》の採《と》れるところは自然《しぜん》の真《ま》っ只中《ただなか》で、もともと人口《じんこう》が少《すく》ないから人《ひと》と会《あ》うこともほとんどない。私《わたし》は四十年近《ねんちか》く東京《とうきょう》に住《す》んでいたが、山梨県《やまなしけん》に移住《いじゅう》して七年目《ねんめ》である。今回《こんかい》、コロナウイルスの感染防止《かんせんぼうし》のためにすべての人《ひと》が不自由《ふじゆう》な生活《せいかつ》を余儀《よぎ》なくされたが、都会《とかい》に比《くら》べたら、田舎《いなか》はそれほど不自由《ふじゆう》さを感《かん》じない環境《かんきょう》に恵《めぐ》まれていると思《おも》った。

東京《とうきょう》などの大都会《だいとかい》は人口密度《じんこうみつど》が高《たか》く、人《ひと》との接触《せっしょく》を避《さ》けようとすれば家《いえ》にこもるしかないのだろう。都会《とかい》は土地代《とちだい》も高《たか》く、余程裕福《よほどゆうふく》な人《ひと》でない限《かぎ》り、広々《ひろびろ》とした庭付《にわつ》きの家《いえ》などというのは望《のぞ》めない。子供《こども》のいる家庭《かてい》は、家《いえ》の中《なか》だけでは子供《こども》がエネルギーを持《も》て余《あま》してしまうからと公園《こうえん》などに出《で》かけても、皆同《みなおな》じように考《かんが》えて行動《こうどう》するので公園《こうえん》が混雑《こんざつ》して、かえって危険《きけん》な状態《じょうたい》だと聞《き》いた。災害等何《さいがいなどなに》か尋常《じんじょう》ではない出来事《できごと》が起《お》こると、都会《とかい》の生活《せいかつ》は身動《みうご》きできない危険《きけん》をはらんでいるのだと改《あらた》めて感《かん》じた。

都会《とかい》の只中《ただなか》にいると、便利《べんり》で効率《こうりつ》の良《よ》い生活《せいかつ》が目《め》の前《まえ》にある。物質的豊《ぶっしつてきゆた》かさや便利《べんり》さ、華《はな》やかさなどが人《ひと》の心《こころ》をつかんでいて、それ以外《いがい》の価値《かち》が見《み》えず、問題《もんだい》を感《かん》じることがないのかもしれない。コロナウイルスの出現《しゅつげん》は、そんな人《ひと》の心《こころ》に疑問《ぎもん》を芽生《めば》えさせたのではないか。日本《にっぽん》でも、首都機能《しゅときのう》を移転《いてん》する話《はなし》はずいぶん前《まえ》から話題《わだい》に上《のぼ》っている。しかし一向《いっこう》に話《はなし》が進展《しんてん》しないでいるが、緊急事態《きんきゅうじたい》により一極集中《いっきょくしゅうちゅう》の危《あや》うさ、不自由《ふじゆう》さ、歪《いびつ》さなどが自覚《じかく》され、人間《にんげん》らしい暮《く》らしとは何《なん》なのかを、改《あらた》めて考《かんが》えるきっかけになったのではないだろうか。

ところで、人間《にんげん》らしい暮《く》らしとは何《なん》だろう。改《あらた》めて考《かんが》えると難《むずか》しく思《おも》えるが、衣食住《いしょくじゅう》が整《ととの》って、話《はな》し合《あ》える家族《かぞく》や友人《ゆうじん》がいて、自分《じぶん》のことだけではなく、周《まわ》りの人《ひと》のことも考《かんが》えられる心《こころ》の余裕《よゆう》があるというのが、人間《にんげん》らしい生活《せいかつ》ではないかと思《おも》う。

「成功《せいこう》したい」とか「目標《もくひょう》を達成《たっせい》したい」というような強《つよ》い思《おも》いを人《ひと》は持《も》つことがある。そのためにはどんな努力《どりょく》も惜《お》しまないというのは、強《つよ》い意志《いし》がある証拠《しょうこ》だから素晴《すば》らしい。けれどもそれだけでは、人間《にんげん》らしいとはいえない。他者《たしゃ》を思《おも》いやる心《こころ》が自然《しぜん》に表面《ひょうめん》に現《あらわ》れてきて、初《はじ》めてその人《ひと》は人間《にんげん》らしいといえるのではないかと思《おも》う。

新型《しんがた》コロナウイルスの出現《しゅつげん》によって、今《いま》まで当《あ》たり前《まえ》にできていたことができなくなった。不《ふ》自由《じゆう》を感《かん》じ、あれもできないこれもできないということもあるが、反面今《はんめんいま》まで忙《いそが》しさに紛《まぎ》れて半《はん》分目《ぶんめ》をつむって諦《あきら》めていたことが、じっくりできるという良《よ》い面《めん》もある。

私《わたし》の場合《ばあい》、かつてはほとんど毎週末《まいしゅうまつ》、そして最近《さいきん》では月《つき》に二、三回《かい》、生長《せいちょう》の家《いえ》の講習会《こうしゅうかい》で日本《にほん》全国《ぜんこく》に出《で》かけていた。ところが二〇二〇年《ねん》は一度《ど》も講習会《こうしゅうかい》が開催《かいさい》されなかった。大《おお》きな会場《かいじょう》に人《ひと》が大勢《おおぜい》集《あつ》まる講習会《こうしゅうかい》は、まさに三密《さんみつ》の状態《じょうたい》になるので開催《かいさい》することができないのだ。大変残念《たいへんざんねん》で最初《さいしょ》は戸惑《とまど》ったものの、このような状態《じょうたい》を受《う》け入《い》れるしかない。生活《せいかつ》パターンの変化《へんか》を余儀《よぎ》なくされたが、良《よ》いことも沢山《たくさん》見出《みいだ》せた。

食事《しょくじ》は今《いま》までも手作《てづく》りで栄養《えいよう》のバランスを考《かんが》え、地産《ちさん》地消《ちしょう》、旬産旬消《しゅんさんしゅんしょう》をいつも念頭《ねんとう》に置《お》き料理《りょうり》をしていたが、出張《しゅっちょう》で外食《がいしょく》をすることも多《おお》かった。すると材料《ざいりょう》に不安《ふあん》を感《かん》じることがあった。また家《いえ》にいてもたまに外食《がいしょく》をした。ところが近所《きんじょ》の店《みせ》もほとんど休業《きゅうぎょう》で、営業《えいぎょう》していても感《かん》染《せん》のリスクがあるから、三度《さんど》三度《さんど》家《いえ》で食事《しょくじ》を作《つく》った。すると、どんな材料《ざいりょう》で何《なに》を食《た》べるかがすべて自分《じぶん》の手《て》の内《うち》にあるから、とても安心感《あんしんかん》のある食事《しょくじ》をすることができて、昔《むかし》の人《ひと》はほとんどがこうだったのだろうなどと、かつての暮《く》らしに思《おも》いを馳《は》せた。

　雪《ゆき》が解《と》けて暖《あたた》かくなり、地面《じめん》が凍《こお》らなくなると畑《はたけ》仕事《しごと》が始《はじ》まる。これまでは、畑《はたけ》の草取《くさと》りや種《たね》、苗《なえ》などを植《う》えるのにまとまった時間《じかん》が取《と》れず、切《き》れ切《ぎ》れの時間《じかん》でいい加減《かげん》にしかできなかった。それでも少《すこ》しは収穫《しゅうかく》ができて喜《よろこ》んでいたが、今年《ことし》は毎日《まいにち》時間《じかん》を決《き》めてせっせと草取《くさと》りをして、冬《ふゆ》を越《こ》したいちごを整備《せいび》したり、庭《にわ》の花《はな》の手《て》入《い》れをすることができた。そうはいってもこのような仕事《しごと》は、これでよいということがなく、すればするほど際限《さいげん》がない。だからよくできたとは言《い》い難《がた》いが、これまでのように、ちょっとやってはそのまま何日《なんにち》か放置《ほうち》し、また手《て》を入《い》れるという状態《じょうたい》ではなくなった。このように書《か》くと、内向《うちむ》きのことばかりしていたように思《おも》えるかもしれないが、新《あたら》しい試《こころ》みも始《はじ》めた。講習会《こうしゅうかい》は開催《かいさい》されなかったが、動画《どうが》を作《つく》って公開《こうかい》した。講習会《こうしゅうかい》で話《はな》す内容《ないよう》や、個人的《こじんてき》な経験《けいけん》、旬《しゅん》を味《あじ》わう料理《りょうり》などで、これにより生長《せいちょう》の家《いえ》でもスマホやネットの利《り》用《よう》が急速《きゅうそく》に進《すす》んだ。会議《かいぎ》などもネットを通《つう》じて行《おこな》った。

　今回《こんかい》の外出《がいしゅつ》自粛《じしゅく》で「今《いま》までしたいと思《おも》っていたことができた」「長年《ながねん》気《き》になりながらできなかっ

たことをした」というような話《はなし》を聞《き》くことが多《おお》い。それぞれの人《ひと》が、自分《じぶん》なりに生活《せいかつ》を見直《みなお》す良《よ》い機会《きかい》になったのではないかと思《おも》う。

外出《がいしゅつ》もままならず、旅行《りょこう》も行《い》けず不自由《ふじゆう》なことが多《おお》い。職《しょく》を失《うしな》った人《ひと》や収入《しゅうにゅう》が大幅《おおはば》に少《すく》なくなった人《ひと》もいる。言《い》い古《ふる》された言葉《ことば》であるが、当《あ》たり前《まえ》の日常《にちじょう》の有《あ》り難《がた》さをすべての人《ひと》がかみしめたのだと思《おも》う。けれども一番大切《いちばんたいせつ》なことは、今回《こんかい》のコロナウイルスが人類《じんるい》に及《およ》ぼした影響《えいきょう》は、何《なん》だったのかということを、正《ただ》しく受《う》け止《と》めることではないかと思《おも》う。コロナが悪者《わるもの》で、人類《じんるい》は被害者《ひがいしゃ》という捉《とら》え方《かた》では、何《なん》の解決《かいけつ》にもならない。

生長《せいちょう》の家《いえ》では、人間《にんげん》は神《かみ》の子《こ》であると言《い》う。神《かみ》の子《こ》は自分《じぶん》の人生《じんせい》を、環境《かんきょう》を自分《じぶん》の心《こころ》によってつくる存在《そんざい》だ。経済発展《けいざいはってん》を第一《だいいち》に求《もと》め、自然破壊《しぜんはかい》をし、生物多様性《せいぶつたようせい》を損《そこ》ない、地球《ちきゅう》を温暖化《おんだんか》させている人間中心主義《にんげんちゅうしんしゅぎ》の生《い》き方《かた》が問《と》われている。東日本大震災《ひがしにほんだいしんさい》の復興《ふっこう》を後回《あとまわ》しにして、オリンピックを優先《ゆうせん》する生《い》き方《かた》に警鐘《けいしょう》が鳴《な》らされていることを改《あらた》めて考《かんが》えるところから、新《あたら》しい時代《じだい》が切《き》り開《ひら》かれていくと思《おも》う。

この地球《ちきゅう》は人間《にんげん》だけのものではなく、数《かぞ》えきれないほどの多《おお》くの生物種《せいぶつしゅ》の棲家《すみか》であり、人間《にんげん》を含《ふく》めてお互《たが》いに生《い》かし合《あ》っている楽園《らくえん》だということを常《つね》に思《おも》い、行動《こうどう》したい。

見方《みかた》を変《か》える

新型《しんがた》コロナウイルスの感染《かんせん》が拡大《かくだい》する中《なか》で、免疫《めんえき》の力《ちから》が注目《ちゅうもく》されている。人間《にんげん》の体《からだ》の中《なか》には、外部《がいぶ》から侵入《しんにゅう》する有害《ゆうがい》な細菌《さいきん》やウイルス、体《からだ》の中《なか》でできるがんなどから体《からだ》を守《まも》る免疫細胞《めんえきさいぼう》というものが存在《そんざい》する。免疫《めんえき》の活動《かつどう》が活発《かっぱつ》で強《つよ》ければ、健康《けんこう》を害《がい》するものと戦《たたか》い、死滅《しめつ》させてくれる。

先日《せんじつ》たまたまテレビを見《み》ていたら、人間《にんげん》の免疫《めんえき》の力《ちから》について取《と》り上《あ》げていたので、興味《きょうみ》を持《も》ち、途中《とちゅう》までだったが視聴《しちょう》した。人間《にんげん》の体《からだ》の中《なか》には莫大《ばくだい》な量《りょう》の免疫細胞《めんえきさいぼう》が存在《そんざい》するそうだが、その半《はん》分《ぶん》以上《いじょう》が腸内《ちょうない》にあるということだった。なぜ腸《ちょう》なのかというと、人間《にんげん》は普通《ふつう》に生活《せいかつ》していると、沢山《たくさん》の有害《ゆうがい》なウイルスや細菌《さいきん》などと接《せっ》し、それが口《くち》から体《からだ》の中《なか》に入《はい》り、すぐ腸《ちょう》に達《たっ》するので、腸《ちょう》で直《ただ》ちにシャットアウトする必要《ひつよう》があるからだという。そのようなことを知《し》ると、人間《にんげん》の体《からだ》はよくできていると思《おも》う。

人間《にんげん》の体《からだ》に最初《さいしょ》から備《そな》わっている免疫細胞《めんえきさいぼう》の中《なか》にナチュラルキラー細胞《さいぼう》がある。これは生《う》まれながらの殺《ころ》し屋《や》といわれ、がん細胞《さいぼう》やウイルスなどを発見《はっけん》すると、直《ただ》ちにそれらを攻撃《こうげき》し死滅《しめつ》させてしまう。このナチュラルキラー細胞《さいぼう》は、加齢《かれい》とともに力《ちから》が弱《よわ》くなるということだ。今回《こんかい》のコロナウイルスでも、高齢者《こうれいしゃ》が感染《かんせん》すると若《わか》い人《ひと》に比《くら》べて重症化《じゅうしょうか》しやすいといわれている。それはナチュラルキラー細胞《さいぼう》の働《はたら》きが弱《よわ》まってきているからだろう。

体《からだ》の中《なか》の免疫系《めんえきけい》が本来《ほんらい》の目的《もくてき》を果《は》たしていると、風邪《かぜ》などに罹《かか》りにくく、がんの発症率《はっしょうりつ》も低《ひく》い。免疫系《めんえきけい》を活性化《かっせいか》するには、十分《じゅうぶん》な睡眠《すいみん》をとり、適度《てきど》な運動《うんどう》、バランスの取《と》れた食事《しょくじ》、暴飲暴食《ぼういんぼうしょく》を慎《つつし》むなどがあげられている。花粉症《かふんしょう》やアトピー性皮膚炎《せいひふえん》にも免疫《めんえき》の力《ちから》は大《おお》きく働《はたら》く。

現代《げんだい》の若者《わかもの》の中《なか》には花粉症《かふんしょう》やアトピー性皮膚炎《せいひふえん》の人《ひと》が多《おお》いが、ある場所《ばしょ》で若者《わかもの》のそれらの症状《しょうじょう》の改善《かいぜん》が見《み》られたと、前述《ぜんじゅつ》のテレビ番組《ばんぐみ》では報《ほう》じていた。それはどこだろうと興味深《きょうみぶか》く思《おも》ったら、神奈川県《かながわけん》にある曹洞宗《そうとうしゅう》の都市部《としぶ》の本山《ほんざん》ともいえる總持寺《そうじじ》だった。總持寺《そうじじ》では毎年若者《まいねんわかもの》が修行《しゅぎょう》のために入《はい》ってくる。

修行僧《しゅぎょうそう》たちは毎日朝早《まいにちあさはや》く起《お》きて座禅《ざぜん》をし、掃除《そうじ》などをして規則正《きそくただ》しい生活《せいかつ》をしている。そのような生活《せいかつ》が免疫《めんえき》を活性化《かっせいか》して、アトピー性皮膚炎《せいひふえん》や花粉症《かふんしょう》の症状《しょうじょう》を和《やわ》らげるのかと思《おも》ったが、そういう分析《ぶんせき》ではなかった。免疫《めんえき》が活性化《かっせいか》した原因《げんいん》は食事《しょくじ》にあるということだ。總持寺《そうじじ》では毎日《まいにち》精進料理《しょうじんりょうり》をいただく。野菜《やさい》には繊維質《せんいしつ》が豊富《ほうふ》で、味噌《みそ》や醤油《しょうゆ》など日本《にっぽん》の伝統《でんとう》的《てき》な調味料《ちょうみりょう》には発酵食品《はっこうしょくひん》が多《おお》い。これらを多用《たよう》する精進料理《しょうじんりょうり》が免疫《めんえき》を活性化《かっせいか》させるということだった。

私《わたし》は修行僧《しゅぎょうそう》たちの毎日《まいにち》の生活《せいかつ》が免疫《めんえき》の働《はたら》きを強《つよ》めるのだと思《おも》ったが、それらは計測《けいそく》することが難《むずか》しく、科学的《かがくてき》に証明《しょうめい》をするのも困難《こんなん》だから、取《と》り上《あ》げられなかったのかもしれない。

修行僧《しゅぎょうそう》たちは、朝早《あさはや》く起《お》きて掃除《そうじ》をし、座禅《ざぜん》や読経《どきょう》などで心《こころ》を正《ただ》し、他《た》のために尽《つ》くす生活《せいかつ》を日々《ひび》している。こういう規則正《きそくただ》しい生活《せいかつ》は、免疫力《めんえきりょく》を高《たか》めるものと想像《そうぞう》できる。けれども、どんな生活《せいかつ》でも外《そと》から見《み》ていると良《よ》さそうに見《み》えても、その中《なか》にいる一人一人《ひとりひとり》がどのような思《おも》いや気持《きもち》で修行《しゅぎょう》に取《と》り組《く》んでいるかは、本人《ほんにん》に直接聞《ちょくせつき》かなければ分《わ》からない。

免疫《めんえき》の働《はたら》きを高《たか》めるには、農薬《のうやく》や化学肥料《かがくひりょう》に汚染《おせん》されていない野菜《やさい》を中心《ちゅうしん》にいただくことも重要《じゅうよう》だとは理解《りかい》できるが、それと同《おな》じくらい、あるいはそれ以上《いじょう》に、その人《ひと》の心《こころ》の状態《じょうたい》が大《おお》きく影響《えいきょう》する。明《あか》るい心《こころ》で何事《なにごと》にも積極的《せっきょくてき》に取《と》り組《く》むことや、人《ひと》や周《まわ》りの出来事《できごと》の良《よ》い点《てん》に注目《ちゅうもく》することが勧《すす》められている。大《おお》いに笑《わら》うことも良《よ》いという。

要《よう》するに、暗《くら》いじめじめした心《こころ》、悲観的《ひかんてき》で人《ひと》や物事《ものごと》の悪《わる》い面《めん》ばかりに注目《ちゅうもく》するようなものの見方《みかた》は、その人自身《ひとじしん》の心《こころ》を暗《くら》くする。心《こころ》と体《からだ》は密接《みっせつ》に関係《かんけい》するから、免疫系《めんえきけい》などの働《はたら》きに影響《えいきょう》を及《およ》ぼさないわけがないのである。

明《あか》るい心《こころ》を持《も》ちなさいと言《い》われても、目《め》の前《まえ》に嫌《いや》なことや心《こころ》が暗《くら》くなる出来事《できごと》があれば、そんな気持《きもち》になれるものではないと思《おも》う人《ひと》も多《おお》いだろう。私《わたし》たちの生《い》きるこの現実《げんじつ》の世界《せかい》には、実際《じっさい》様々《さまざま》なことが起《お》こる。悲惨《ひさん》な出来事《できごと》、大《おお》きな災害《さいがい》、様々《さまざま》な事故《じこ》など数《かぞ》え上《あ》げたらきりがない。

現在《げんざい》は通信技術《つうしんぎじゅつ》の発達《はったつ》によって、世界中《せかいじゅう》の悲劇《ひげき》や惨事《さんじ》が瞬時《しゅんじ》に世界《せかい》を駆《か》け巡《めぐ》る。見《み》たくない、聞《き》きたくないと思《おも》っても、これでもかというほど繰《く》り返《かえ》しテレビなどで報道《ほうどう》されるのが現代社会《げんだいしゃかい》だ。さらにインターネットの世界《せかい》では、真実《しんじつ》でもないことがあたかも本当《ほんとう》のことのように書《か》き込《こ》まれることもある。こういう情報過多《じょうほうかた》の時代《じだい》を生《い》きている私《わたし》たちは、ニュース報道《ほうどう》や人《ひと》のコトバをただ受《う》け身《み》で無防備《むぼうび》に取《と》り込《こ》んでいるだけでは、明《あか》るい心《こころ》を持《も》とうと思《おも》っても難《むずか》しい。

この世界《せかい》の悪《あく》や悲惨《ひさん》、偽物《にせもの》の情報《じょうほう》に振《ふ》り回《まわ》されないためには、どうすればいいのだろうか。人《ひと》はどうしても自分中心《じぶんちゅうしん》に物事《ものごと》を考《かんが》える傾向《けいこう》にあるが、少《すこ》しその空間《くうかん》を広《ひろ》げて自分以外《じぶんいがい》の人《ひと》のこと、広《ひろ》い世界《せかい》に目《め》を向《む》けることが、自分《じぶん》の意識《いしき》を拡《ひろ》げ、狭《せま》い殻《から》に閉《と》じこもっていた考《かんが》え方《かた》から解放《かいほう》してくれる。そして改《あらた》めて宝探《たからさが》しをするように、この世界《せかい》に善《ぜん》はあるだろうかと見《み》てみるのだ。すると現実《げんじつ》の世界《せかい》には悪《あく》や悲惨《ひさん》、悲劇《ひげき》はあるけれども、それ以上《いじょう》に喜《よろこ》びや美《うつく》しさ、人々《ひとびと》の助《たす》け合《あ》い、思《おも》いやりなどが満《み》ちているということに気《き》が付《つ》くだろう。

そのようなものの見方《みかた》ができるようになると、重荷《おもに》のように感《かん》じていた明《あか》るい心《こころ》になるという積極的《せっきょくてき》な生《い》き方《かた》が、自分《じぶん》とはかけ離《はな》れたものではないことが分《わ》かる。この世界《せかい》の善《ぜん》は実《じつ》は身近《みぢか》にあり、そんなに難《むずか》しくもなく、少《すこ》し見方《みかた》を変《か》えればすぐに手《て》の届《とど》くところにある。

道徳的《どうとくてき》に正《ただ》しい生《い》き方《かた》などというのではなく、人間《にんげん》の本性《ほんせい》にはそのような生《い》き方《かた》を望《のぞ》む心《こころ》が本《ほん》来《らい》あるからだ。ところがそれらが様々《さまざま》な思《おも》い込《こ》みや考《かんが》え違《ちが》いから、忘《わす》れ去《さ》られていたり、心《こころ》の奥《おく》底《そこ》に押《お》し込《こ》まれていたりする。その心《こころ》を認《みと》め、解放《かいほう》すると、生《い》きることの喜《よろこ》びが感《かん》じられる。

そこからさらに、自分《じぶん》は周《まわ》りのために何《なに》ができるかを考《かんが》え、行動《こうどう》することにより、人《ひと》は本性《ほんせい》の満足《まんぞく》を得《え》られる。そのような生《い》き方《かた》は、免疫系《めんえきけい》を活性化《かっせいか》するに違《ちが》いない。

に“幸《しあわ》せの黄色《きいろ》いハンカチ”にあやかって黄色《きいろ》い旗《はた》を掲《かか》げます。バトンは夫《おっと》が木《き》で作《つく》った“観音棒《かんのんぼう》”です。

職員寮《しょくいんりょう》は8か所《しょ》にありますが、まず最初《さいしょ》の人《ひと》は自転車《じてんしゃ》で用《よう》を足《た》してからどこかの寮《りょう》を目指《めざ》し、黄色《きいろ》い旗《はた》のある家《いえ》に観音棒《かんのんぼう》の入《はい》ったバッグをかけていきます。こうすれば、人《ひと》と接触《せっしょく》せずにリレーができます。バトンを受《う》け取《と》った人《ひと》は、自分《じぶん》の可能《かのう》な時間《じかん》を見計《みはか》らって、次《つぎ》のどこかの寮《りょう》を目指《めざ》すのです。近《ちか》いところでも、遠《とお》いところでも自由《じゆう》に選《えら》べ、あらかじめ決《き》められたコースではなく、どこにくるか分《わ》からないところも意外性《いがいせい》があっていいと思《おも》います。人《ひと》との接触《せっしょく》をできるだけ減《へ》らさなければならない時《とき》に、リレーを通《つう》じて人《ひと》とのつながりが感《かん》じられ、また自転車《じてんしゃ》に乗《の》る楽《たの》しさも味《あじ》わえて、なかなか良《よ》い企画《きかく》になりました。

森《もり》の中《なか》ではマスクもなく、いつも通《どお》りの当《あ》たり前《まえ》の日常《にちじょう》が過《す》ぎていきます。けれども、様々《さまざま》な行事《ぎょうじ》はできません。だからこそ感《かん》謝《しゃ》の思《おも》いで、「今《いま》」を悦《よろこ》び、楽《たの》しむことを日々実行《ひびじっこう》しています。

Column

自粛期間《じしゅくきかん》の過《す》ごし方《かた》

新型《しんがた》コロナウイルス感染症《かんせんしょう》の拡大《かくだい》に伴《ともな》い、緊急事態宣言《きんきゅうじたいせんげん》が発出《はっしゅつ》された2020年《ねん》3月《がつ》。気軽《きがる》に外出《がいしゅつ》ができない中《なか》で、夫《おっと》からリクエストされていた手作《てづく》りマスクに初《はじ》めて挑戦《ちょうせん》しました。救急箱《きゅうきゅうばこ》にあったガーゼとガーゼふきんを出《だ》してきて、完成品《かんせいひん》を参考《さんこう》に見様《みよう》見真似《みまね》で作《つく》りました。初《はじ》めてのマスクは、ゴムがきつかったり大《おお》きすぎたりしましたが、そのうち、地元《じもと》の洋品店《ようひんてん》でマスクの型紙《かたがみ》が無料《むりょう》で配布《はいふ》されているのを見《み》つけて、新《あたら》しくマスクを作《つく》り直《なお》しました。いくつか手作《てづく》りするうちにコツも分《わ》かってきて、夫《おっと》だけでなく、子供《こども》や孫《まご》にも縫《ぬ》いました。

一方《いっぽう》夫《おっと》はといえば、生長《せいちょう》の家《いえ》の国際本部《こくさいほんぶ》でもテレワークが始《はじ》まり、職員同士《しょくいんどうし》の交流《こうりゅう》の機会《きかい》が少《すく》なくなったことから、自転車《じてんしゃ》のリレーを思《おも》いつきました。それもただのリレーではなく、コロナウイルスの終息《しゅうそく》を願《ねが》ってのリレーで、参加《さんか》を表明《ひょうめい》した人《ひと》は自分《じぶん》の家《いえ》

本書《ほんしょ》を推薦《すいせん》します

本書《ほんしょ》の著者《ちょしゃ》、谷口純子氏《たにぐちじゅんこし》は私《わたし》の妻《つま》である——

こんな書《か》き方《かた》をすると誤解《ごかい》されるかもしれない。もし誤解《ごかい》が起《お》こるとしたら、それはたぶん「妻《つま》」という言葉《ことば》について読者《どくしゃ》がもつイメージのせいだ。ある漢和辞典《かんわじてん》によると、「妻《つま》」の字《じ》は「手《て》にほうきをもった女《おんな》の意《い》」だという。現代《げんだい》の日本《にっぽん》の多《おお》くの男《おとこ》は「それはないだろう」と驚《おどろ》くに違《ちが》いない。私《わたし》もその一人《ひとり》である。「刺身《さしみ》の妻《つま》」という言葉《ことば》もあり、この場合《ばあい》は「添《そ》え物《もの》」という意味《いみ》になる。これも、私《わたし》の意図《いと》とは違《ちが》う。

私《わたし》のいう「妻《つま》」とは一般的《いっぱんてき》には「配偶者《はいぐうしゃ》」の意味《いみ》だが、この言葉《ことば》もドライすぎて十分《じゅうぶん》ではない。生長《せいちょう》の家創始者《いえそうししゃ》、谷口雅春先生《たにぐちまさはるせんせい》は、輝子夫人《てるこふじん》のことを「私《わたし》と共《とも》にどんな困難《こんなん》にもめげずに一緒《いっしょ》に走《はし》りつづけてくれた妻《つま》」（『めざめゆく魂《たましい》』序文《じょぶん》）と形容《けいよう》されたが、これ以上適切《いじょうてきせつ》に、純子氏《じゅんこし》と私《わたし》の関係《かんけい》を表現《ひょうげん》する言葉《ことば》は見《み》つけられない。

二〇二〇年《ねん》の暮《く》れに、私《わたし》と純子氏《じゅんこし》は「九折《きゅうせつ》スタジオ」を始《はじ》めた。これは、新型《しんがた》コロナウイルスの世界的蔓延《せかいてきまんえん》で外出《がいしゅつ》も不如意《ふにょい》の中《なか》、世界中《せかいじゅう》にいる生長《せいちょう》の家《いえ》の信徒《しんと》とのコミュニケーションを断絶《だんぜつ》させないために、ネットを使《つか》って動画配信《どうがはいしん》をする〝プロダクション〟の名前《なまえ》である。プロダクションといっても、構成員《こうせいいん》は二人《ふたり》だけ。当初《とうしょ》は「急設《きゅうせつ》スタジオ」と呼《よ》んでいたものを、何度《なんど》も折《お》れ曲《まが》がった坂《さか》の上《うえ》に私《わたし》たちの家《いえ》があることから、改名《かいめい》した。

本文《ほんぶん》を書《か》いている時点《じてん》で、新型《しんがた》コロナウイルスの世界《せかい》の感染確認者数《かんせんかくにんしゃすう》は一億《おく》九〇万《まん》八九九二人《にん》、死亡者総数《しぼうしゃそうすう》は二一七万《まん》五二四五人《にん》である。日本《にっぽん》での感染確認《かんせんかくにん》は三七万《まん》六四八二人《にん》、死亡者《しぼうしゃ》は五三八八人《にん》である。今回《こんかい》のコロナ禍《か》による死者数《ししゃすう》は、二十六年前《ねんまえ》の阪神淡路大震災《はんしんあわじだいしんさい》の犠牲者数《ぎせいしゃすう》（六四三四人《にん》）に近《ちか》づき、大津波《おおつなみ》の衝撃《しょうげき》が大《おお》きかった十年前《ねんまえ》の大震災《だいしんさい》の犠牲者数《ぎせいしゃすう》の約《やく》三分《ぶん》の一になろうとしている。海外《かいがい》では、日本《にっぽん》とは比《くら》べられないほど大勢《おおぜい》の犠牲者《ぎせいしゃ》が出《で》ていることは、すでに読者《どくしゃ》もご存《ぞん》じだろう。

だから、今《いま》の世界《せかい》に〝悲惨《ひさん》〟や〝暗黒《あんこく》〟を探《さが》せば、それこそ数限《かずかぎ》りなく見《み》つけることができる。

だが、著者《ちょしゃ》は本書《ほんしょ》でこう述《の》べる——

（前略《ぜんりゃく》）改《あらた》めて宝探《たからさが》しをするように、この世界《せかい》に善《ぜん》はあるだろうかと見《み》てみるのだ。すると現《げん》実《じつ》の世界《せかい》には悪《あく》や悲惨《ひさん》、悲劇《ひげき》はあるけれども、それ以上《いじょう》に喜《よろこ》びや美《うつく》しさ、人々《ひとびと》の助《たす》け合《あ》い、思《おも》いやりなどが満《み》ちていることに気《き》が付《つ》くだろう。

（本書《ほんしょ》、一五四ページ）

こういう心《こころ》のもち方《かた》を「日時計主義《ひどけいしゅぎ》」というが、これは決《けっ》して現実逃避《げんじつとうひ》ではない。著者《ちょしゃ》が現実《げんじつ》をしっかり見《み》ていることは、本文中《ほんぶんちゅう》に明《あき》らかである。が、その上《うえ》で、「夜《よる》があっても朝《あさ》や昼《ひる》を忘《わす》れず、明《あか》るい中《なか》で改善《かいぜん》の道《みち》を進《すす》もう」と著者《ちょしゃ》は言《い》うのである。この人生《じんせい》への積極性《せっきょくせい》に、私《わたし》はこれまで何度《なんど》救《すく》われたことか。コロナをめぐる悲観的《ひかんてき》ニュースが多《おお》い中《なか》で、特《とく》に将来《しょうらい》のある若《わか》い人《ひと》たちに本書《ほんしょ》を推薦《すいせん》する所以《ゆえん》である。

二〇二一年《ねん》一月《がつ》二十九日《にち》

谷口《たにぐち》　雅宣《まさのぶ》

2020年秋、オフィスから天女山へ自転車で登るイベントに夫婦で参加。天女山山頂で

食材索引

◆魚介類

いか …… 豆乳味噌ラーメン …… 129
いかの塩辛 …… キムチ …… 130
乾燥わかめ …… ハナビラタケのスープ …… 68
ちりめんじゃこ …… 夏野菜のケークサレ …… 69
練り物 …… 豆乳味噌ラーメン …… 129
ホタテ …… 豆乳味噌ラーメン …… 129

◆野菜・果物類

青ねぎ …… ハナビラタケのスープ …… 68
赤とうがらし …… ベジ麻婆茄子丼 …… 67
えのき …… きのこの炊き込みご飯 …… 98
　豆乳味噌ラーメン …… 129
キャベツ …… 豆乳味噌ラーメン …… 129
ぎんなん …… きのこの炊き込みご飯 …… 98
くるみ …… くるみクッキー …… 131
ごぼう …… きのこの炊き込みご飯 …… 98
しいたけ …… 大豆バーグ …… 37
　ベジ麻婆茄子丼 …… 67
　夏野菜のケークサレ …… 69
　きのこの炊き込みご飯 …… 98
　ベジミートソース …… 99
しめじ …… 夏野菜のケークサレ …… 69
　きのこの炊き込みご飯 …… 98
しょうが …… ベジ麻婆茄子丼 …… 67
　豆乳味噌ラーメン …… 129
　キムチ …… 130
セロリ …… ベジミートソース …… 99
大根 …… キムチ …… 130
玉ねぎ …… 大豆バーグ …… 37
　夏野菜のケークサレ …… 69
　ベジミートソース …… 99
つくし …… つくしの佃煮風 …… 38

トマト	夏野菜のケークサレ	69
トマトの水煮缶	ベジミートソース	99
トマトピューレ	ベジミートソース	99
長ねぎ	ベジ麻婆茄子丼	67
	きのこの炊き込みご飯	98
	豆乳味噌ラーメン	129
なす	ベジ麻婆茄子丼	67
ナッツ類	大豆バーグ	37
	ベジ麻婆茄子丼	67
ニラ	キムチ	130
にんじん	ベジ麻婆茄子丼	67
	きのこの炊き込みご飯	98
	ベジミートソース	99
	キムチ	130
	豆乳味噌ラーメン	129
にんにく	ベジミートソース	99
	キムチ	130
白菜	豆乳味噌ラーメン	129
	キムチ	130
ハナビラタケ	ハナビラタケのスープ	68
ピーマン	夏野菜のケークサレ	69
ほうれん草	豆乳味噌ラーメン	129
まいたけ	きのこの炊き込みご飯	98
三つ葉	きのこの炊き込みご飯	98
りんご	タルトタタン	100
	キムチ	130
れんこん	大豆バーグ	37

◆卵・乳製品

牛乳	大豆バーグ	37
	夏野菜のケークサレ	69
	タルトタタン	100
卵	夏野菜のケークサレ	69
	くるみクッキー	131
バター	大豆バーグ	37
	タルトタタン	100
	くるみクッキー	131
バター（食塩不使用）	きなこクッキー	39
	タルトタタン	100
ピザ用チーズ	夏野菜のケークサレ	69
卵黄	タルトタタン	100

◆穀類・豆類・麺類

油揚げ　きのこの炊き込みご飯……98
枝豆　ベジ麻婆茄子丼……67
ご飯　ベジ麻婆茄子丼……67
　キムチ……130
米　きのこの炊き込みご飯……98
大豆　手前みそ……132
大豆（煮豆）　大豆バーグ……37
　ベジミートソース……99
中華麺　豆乳味噌ラーメン……129
豆乳　豆乳味噌ラーメン……129
豆腐　ハナビラタケのスープ……68

◆粉類

うどん粉　きなこクッキー……39
片栗粉　ベジ麻婆茄子丼……67
きな粉　きなこクッキー……39
強力粉　きなこクッキー……39
地粉　きなこクッキー……39
全粒粉　くるみクッキー……131
薄力粉　大豆バーグ……37
　きなこクッキー……39
　夏野菜のケークサレ……69
　タルトタタン……100
　くるみクッキー……131
パン粉　大豆バーグ……37
ベーキングパウダー　夏野菜のケークサレ……69

◆その他

赤とうがらし（パウダー）　キムチ……130
オールスパイス　ベジミートソース……99
クローブ　ベジミートソース……99
こうじ　手前みそ……132
塩昆布　キムチ……130
すりごま　豆乳味噌ラーメン……129
ナツメグ　大豆バーグ……37
　ベジミートソース……99
ナンプラー　キムチ……130
バニラオイル　くるみクッキー……131
パプリカ（パウダー）　キムチ……130
ローリエ　ベジミートソース……99

初出一覧

春、雪解けの喜び

シロップを作る（『日時計24』二〇一八年七月号）
何をまくか？（『日時計24』二〇一七年六月号）
キャベツの青虫（『日時計24』二〇一五年一〇月号）
男子と厨房（『日時計24』二〇一七年九月号）

夏に見つめるいのちの輝き

良心を引き出す（『日時計24』二〇二〇年一一月号）
明るい心のもとは（『日時計24』二〇一五年一一月号）
お盆の風習（『日時計24』二〇一九年七月号）
永遠の価値（『日時計24』二〇一九年三月号）

秋の彩り、豊かな時間

楽しいことをしよう（『日時計24』二〇一八年一月号）
タルトタタンを当てよう（『日時計24』二〇一八年三月号）
心ときめくもの（『日時計24』二〇一六年二月号）
与える生活（『日時計24』二〇二〇年一月号）

冬だけの幸い

鬼グルミ（『日時計24』二〇一八年四月号）
豊かさとは？（『日時計24』二〇一七年五月号）
雪のある暮らし（『日時計24』二〇一八年六月号）
明るく軽やかに（『日時計24』二〇一九年四月号）

つながる世界

心の声（『日時計24』二〇一九年二月号）

たとえ世界が混乱しても

コロナが教えること（『日時計24』二〇二〇年八月号）
見方を変える（『日時計24』二〇二〇年一〇月号）

参考文献

ローラ・インガルス・ワイルダー作、恩地三保子訳『大きな森の小さな家』（福音館書店、一九七二年）
塩野米松著『ふたつの川』（無明舎出版、二〇〇八年）
田村賢一訳著『北越雪譜物語』（新潟日報事業所、一九七九年）

森《もり》の日《ひ》ぐらし

2021年3月25日　初版第1刷発行

著　者　谷《たに》口《ぐち》純《じゅん》子《こ》
発行者　磯部和男
発行所　宗教法人「生長の家」
山梨県北杜市大泉町西井出8240番地2103
電話（0551）45-7777 http://www.jp.seicho-no-ie.org/
発売元　株式会社　日本教文社
東京都港区赤坂9丁目6番44号
電話（03）3401-9111
FAX（03）3401-9139
頒布所　一般財団法人　世界聖典普及協会
東京都港区赤坂9丁目6番33号
電話（03）3403-1501
FAX（03）3403-8439
印刷・製本　東港出版印刷株式会社

本書の用紙は、FSC® 認証紙を使用しています。

落丁・乱丁本はお取り替えします。
定価はカバーに表示してあります。

ISBN978-4-531-05273-8

生長の家の取り組み

生長の家では、職員も含めて一人一人が倫理的な生き方を
実践する取り組みとして、３つの活動を展開しています。

https://www.jp.seicho-no-ie.org/org-garden/

SNIオーガニック菜園部

SNIオーガニック菜園部では、環境破壊につながる肉食を控えながら、有機農法による野菜や穀物の栽培を推奨しています。また、食材を購入する場合には、地産地消・旬産旬消を心がけ、フードマイレージの低いもの、化学肥料、農薬などをなるべく使わないものを選び、環境負荷を低減する努力を行なっています。

SNIクラフト倶楽部

SNIクラフト倶楽部は、大量生産大量消費などによる環境破壊を抑制するため、身近な日用品や生活雑貨を手づくりすることを推奨しています。また、手づくりに際しては、木や麻、綿、金属など自然素材かつ国産材などを利用することで自然に感謝しながら環境負荷の低減を心がけています。

https://www.jp.seicho-no-ie.org/craft/

http://sni.bike

SNI自転車部

SNI自転車部では、移動に際して二酸化炭素を排出しない“倫理的”な乗り物として、通勤や通学、近所への買い物など日常生活のなかで積極的に自転車の利用を推奨しています。また、車の移動では気がつかない自然の美しさに目を向けることで、心身ともに健やかなライフスタイルを楽しんでいます。